LES AVENTURES

DE

NICOLAS BELAVOIR

PAR

ARIEL DES FEUX.

IV

PARIS — 1852.
HIPPOLYTE SOUVERAIN, ÉDITEUR,
5, RUE DES BEAUX-ARTS.

LES AVENTURES

DE

NICOLAS BELAVOIR.

IV

LES AVENTURES

DE

NICOLAS BELAVOIR

PAR

ARIEL DES FEUX.

IV

PARIS. — 1852.

HIPPOLYTE SOUVERAIN, ÉDITEUR,

5, RUE DES BEAUX-ARTS.

XL.

Explications générales. Belavoir est plus imposant que jamais.

Rien n'était moins convaincant que le discours de notre ami. Il parlait comme s'il avait la fièvre. La Mothe-Baranne ne voyait pas bien clair dans toute cette histoire d'enfant; cependant quelques mots que la bavarde Blaisette n'avait pu se tenir de raconter au sujet de l'amour de Barbette et de Louis lui donnèrent à penser que peut-être Belavoir connaissait le baron, bien que sous un autre rapport que celui qu'indiquait Monseigneur le gouverneur de Melun lequel s'obstinait à croire, et à dire que le beau-fils et la belle-fille du seigneur Guy de Chanteclaude avaient été volés par un saltimbanque. Au fond, il n'y concevait rien. Mais pendant ce temps, il entendit au-dessus de sa tête les arquebusades, et le cliquetis des épées, et les cris, et les vociférations, et bientôt le sabbat qui se fit à la porte du fort lui apprit que Belavoir ne lui mentait pas en lui annonçant l'arrivée d'une troupe de cavalerie considérable. Il se fit en lui-même un raisonnement assez juste :

— Quand j'aurai étranglé cet homme, que m'en reviendra-t-il? Je rendrai les représailles plus certaines, et Carmen et nous tous, nous serons sûrement massacrés. Je n'ai pas grande confiance aux promesses de cet espèce de bohémien devenu officier, mais enfin qui sait? je n'ai plus que cette ressource.

— Monsieur, dit-il à Belavoir, je me rends et je compte sur votre foi.

A ce moment il lâcha la gorge de Belavoir et le laissa se relever.

— Soyez tranquille, dit l'illustre cornette, je vais tout employer pour votre salut, et vous serez content de moi. Il ne tombera pas un cheveu de votre tête ni de celle de tous ceux et de toutes celles qui sont ici. J'ai sur la ville d'Orléans l'influence la plus illimitée. Maintenant seriez-vous assez bon pour m'indiquer le moyen de sortir d'ici.

— Donnez-moi la main, répondit La Mothe-Baranne, tournez à gauche! Bon! puis à droite! Il y a ici un mur, prenez garde à votre tête! puis deux marches, prenez garde à vos pieds! Vous butez? vous êtes-vous fait mal?

— C'est-à-dire que je me suis à moitié cassé la jambe. Mais nous voici dehors! montons sur le rempart!

Ce fut alors que Belavoir reparut au milieu de son monde émerveillé, et donna ses ordres à son capitaine, non moins ravi d'admiration.

Lorsque la troupe se fut éloignée, Belavoir passa en revue la garnison du fort, et lui tint ce langage superbe :

— A dater de ce moment, mes amis, je prends possession de cette place de Saint-Bonaventure au nom de messieurs les bourgeois d'Orléans, réunis en armes pour le service de la sainte union catholique. Je pourrais vous faire tous pendre! Mais le ciel, en me douant d'une valeur de lion, m'a donné la douceur de l'agneau. Je ne vous pendrai pas, je ne pendrai personne ; je vous garde tous à mon service. Nous serons tous contens les uns des autres ! Criez : vive le gouverneur !

Les soldats crièrent : vive Monseigneur le gouverneur !

Pendant ce temps, Brillache restait toujours étendu par terre, le long de son mur, et sur le même mur, le comte de Tranchille et La Mothe-Baranne étaient assis tous deux, leur épée dans le fourreau et fort tristes, ne sachant pas ce qui allait advenir.

Belavoir fit approcher ses quatre soldats et leur donna l'ordre d'aller ouvrir la porte, ce qui fut fait. Aussitôt il les mit en sentinelle à cette unique entrée du fort et s'en alla tout seul trouver son capitaine. Quand on le vit s'approcher de la compagnie, tous les cavaliers ôtèrent leurs chapeaux et, en les agitant en l'air, se mirent à crier :

— Vive le cornette Nicolas! vive le brave des braves!

— C'est bon, mes amis, c'est bon! répondit Belavoir. Calmez-vous! Laissez-moi jouir modestement de mon triomphe. Il est grand, c'est vrai; mais ma modestie est grande également. Capitaine, j'ai une prière à vous adresser.

— Demandez, cornette, tout vous est accordé d'avance.

— Je soupçonne que les ennemis que nous avons pris dans ce fort ont été laissés là pour servir de point de ralliement aux royaux. J'ai cru pouvoir conclure à cette idée d'après ce que j'ai su tirer du commandant. Par conséquent, si vous suivez bien mon raisonnement : des forces supérieures sont en campagne et pourraient vous couper le chemin. Si vous êtes pris avec vos hommes, vous savez votre affaire? Rebelle, les armes à la main, jugé, un quart d'heure pour la confession, pendu et l'éternité! C'est clair comme une fontaine d'eau vive. Je vous engage à ne pas moisir dans ce lieu-ci et à gagner au pied avec votre bande.

— Et vous, demanda le capitaine.

— Moi, j'ai pris un fort, je m'y enferme et je le garde avec mes prisonniers. Seulement je vous prie d'envoyer demain matin, (j'entends que nous sommes à environ cinq heures du matin, le jour va venir) j'entends donc demain matin, je vous prie de m'envoyer du secours pour me dégager. Quant à être pris, vous me connaissez, n'est-ce pas?

— Peste! ce serait un malin celui qui vous prendrait; oui, ce serait un malin!

— Je me sens d'appétit, continua Nicolas, à en manger quelques-uns des plus gros avant de me laisser saisir. Ainsi, soyez sans inquiétude sur mon compte.

— Je vous assure, dit le capitaine en riant, que je n'en ai pas la moindre. Je désire qu'on vous attaque, parce que je sais d'avance que tout finira à la honte des royaux. Maintenant je suis votre conseil et je m'en vais. Voulez-vous que je vous laisse quelques-uns de mes hommes?

— Vous ne songez pas qu'à peine en avez-vous assez pour passer tranquillement et sûrement par les chemins qui vous restent encore avant de rentrer en ville. Pour moi, mes quatre hommes me suffisent et au-delà pour résister à l'armée d'Agramant, si elle se présente. Adieu et bon voyage!

Nicolas serra la main du capitaine et regarda toute la troupe défiler dans l'attitude superbe qui convenait à un homme tel que lui. Il nous faut dire, pour être vrai, qu'une partie de ses fanfaronnades était par lui mise en avant pour soutenir le personnage que le hasard lui avait imposé. Mais aussi nous devons ajouter que ces fanfaronnades étaient d'autant mieux débitées, qu'il en croyait une bonne partie.

Quand il eut perdu de vue dans l'épaisseur du bois le dernier cavalier, et que même le bruit des pas des chevaux se fut éloigné tout-à-fait, Belavoir regagna à pas lents le fort de Saint-Bonaventure. Son front était pensif, comme il sied à tout homme chargé d'une grande responsabilité.

En arrivant à la porte, il s'arrêta devant la sentinelle et lui prit son arquebuse en silence, comme pour en faire l'inspection et voir dans quel état elle se trouvait, puis il la rendit au soldat frappé d'admiration devant un aussi grand homme. Il mit les bras derrière son dos et commanda d'une voix brève et impérieuse de refermer la porte. Il fut obéi sur-le-champ. Il envoya les trois autres hommes qui lui restaient sur le coin le plus éloigné du rempart, afin d'y prendre du repos, leur dit-il. Quant à la garnison, il l'engagea aussi à regagner le grenier dans lequel il apprit qu'elle avait établi ses quartiers. Une sentinelle à la porte lui parut suffisante pour assurer la tranquillité de la place.

Ayant aussi éloigné tous les subalternes, il rejoignit La Mothe-Baranne et Monseigneur, qui, de loin, l'avaient entendu donner tous ses ordres.

— Messieurs, leur dit-il d'une voix grave, vous voyez que tout vainqueur que je suis, je me mets volontairement entre vos mains. On ne viendra que demain me secourir; d'ici là, je suis seul au milieu de vous. Vous ne doutez plus, j'espère, de ma bonne foi.

— Vous êtes un homme de bien, répondit La Mothe-Baranne avec émotion; quoique je ne comprenne rien à la manière dont nous nous sommes connus et à celle dont nous nous retrouvons.

— Tout s'expliquera, dit Belavoir; conduisez-moi, je vous prie, auprès des dames, il fait grand jour et le combat doit les avoir réveillées.

Les dames étaient effectivement réveillées. Mais avant de passer outre et de donner le récit de l'entrevue qu'elles eurent avec le vainqueur Belavoir, il est bien essentiel de faire connaître dans quel endroit la fortune les avait conduites et comment elles étaient parvenues en ce lieu.

On se souvient certainement du départ de la caravane, lorsque, quittant le château du seigneur de Cornisse, tout notre monde s'était mis en route sous la conduite du seigneur de La Mothe-Baranne. On n'avait pu faire beaucoup de chemin sans apprendre que tout le pays était soulevé en faveur de la Ligue, et qu'il fallait s'attendre à rencontrer bien des inconvéniens, bien des mésaventures dans ce voyage. Le difficile n'était pas de se faire passer pour ligueurs, et, à la faveur de ce déguisement, de chercher à gagner les cantonnemens de l'armée royale, ou, mieux encore, mais cela était plus difficile, les avant-postes de l'armée huguenote. Il n'y avait pas à se donner grand'peine pour inventer une ruse aussi simple. Le malheur était que, royaliste ou ligueur, on courait un danger égal d'être pillé par les bandes de soudards qui couraient la campagne et qui, en présence d'un butin à faire, s'inquiétaient médiocrement d'approfondir jusqu'à quel point le maître de ce qu'ils convoitaient appartenait au parti ennemi. Pour ces braves gens, tout homme pourvu d'un habit propre ou d'un petit écu qu'on pouvait prendre, était nécessairement du parti adverse, et aucun raisonnement ne les en eût fait démordre. Essayer de les persuader c'était perdre sa peine.

La Mothe-Baranne, qui était homme de guerre, savait parfaitement à quoi il devait s'attendre, et bien qu'il se promît à l'occasion d'user du simple stratagème de déguiser son parti, il ne se reposa pas sur ce moyen innocent ; il s'arrangea de façon à ne voyager que de nuit, et, autant que possible, à ne suivre que des chemins peu fréquentés, ce qui lui était fort difficile avec le train qu'il conduisait, les carrosses et les fourgons. Il est vrai qu'il usa sur ce point d'autorité, et que, lorsque l'impossibilité de faire route incognito avec ce brillant équipage eut été surabondamment démontrée, il força donc

Carmen, malgré ses plaintes, et toute la compagnie à voyager plus modestement à cheval. Cependant cette résolution ne put être prise et appliquée qu'au bout de quelques jours, et pendant ce temps on n'avança pas beaucoup; on revint même plusieurs fois sur la route que l'on avait parcourue. Ce qui augmenta le danger, c'est que plusieurs soldats désertèrent. On eut la crainte fondée qu'ils n'eussent été rejoindre quelque garnison voisine, et qu'ils ne voulussent revenir bien accompagnés pour dévaliser la troupe. Alors La Mothe-Baranne, imitant je ne sais plus quel animal, qui, au rapport de Pline, probablement, a l'instinct, lorsqu'il est poursuivi, de se couper lui-même la partie de son corps désirée du chasseur, il donna ordre d'abandonner les bagages. Le jour, on restait blotti au fond des bois, ne bougeant non plus qu'une bande de voleurs, toujours aux écoutes, tapi sous la feuillée, parlant bas et ne s'éloignant point. Lorsque le soir venait, La Mothe-Baranne envoyait ceux de ses hommes dont il était le plus sûr faire la picorée dans les environs. Quelques volailles, un mouton, un quartier de porc enlevés aux paysans servaient à la nourriture de cette troupe aventureuse et aventurée, et toutes les nuits on marchait, comme je l'ai dit, un peu au hasard.

En s'y prenant avec tant de prudence, on évita beaucoup de dangers; on fut bien inquiété quelquefois, soit par des coureurs, soit même par les paysans, qu'il fallait dépouiller sous peine de mourir de faim, et l'on arriva dans le fort de Saint-Bonaventure, abandonné depuis plus d'une semaine par la petite garnison qui s'y tenait d'ordinaire. La Mothe-Baranne avait résolu de se tenir là pendant quelques jours pour faire reposer son monde. Il pensait que, si les royaux revenaient, il pourrait s'adresser à quelque officier pour savoir au plus juste la manière de gagner le camp royal. Bien que ce ne fût pas le sien, encore préferait-il y aller à tomber entre les mains des ligueurs. Si, au contraire, quelque parti venait d'Orléans jusque là, il espérait pouvoir se défendre dans un poste aussi favorablement situé au milieu des bois. Il s'était donc établi à Saint-Bonaventure.

Mais il avait pour ennemi premier et invincible, la mauvaise intelligence qui régnait dans la troupe qu'il était censé conduire. Dona Carmen ne voulait plus le voir, ni entendre parler de lui. Comme il était cependant toujours devant elle, elle ne le regardait pas, tenait ses yeux fixes de tout autre côté, et lorsqu'il venait lui parler, ce qu'il ne faisait pourtant jamais que pour un motif intéressant la sûreté de cette terrible dame, elle ne lui répondait point, mais, s'adressant à Barbette ou à Blaisette, lui faisait ainsi savoir sa réponse. Comme si ce mépris si découvert n'eût pas suffi encore, elle ne perdait pas une seule occasion, soit dans les marches, soit pendant la journée, tandis qu'on se reposait, de tenir devant les soldats et devant les domestiques, les propos les plus insultans pour La Mothe-Baranne. Il en résulta que l'esprit de désobéissance se mit dans la petite armée. Sitôt que l'on sut qu'un bon manquement de respect fait au gentilhomme qui accompagnait madame était la flatterie la mieux récompensée par madame, on s'en donna à cœur joie. Les soldats peut-être auraient encore préféré le sourire de l'officier à celui de la femme; mais tous avaient déserté, il n'en restait plus, et en désertant, ils avaient emmené les femmes de chambre. Les domestiques hommes restaient donc serrés autour de leur maîtresse, regardant La Mothe-Baranne comme un ennemi.

Monseigneur, qui avait l'esprit juste et droit, comprit tout d'abord que la raison et la courtoisie lui ordonnaient également de se ranger au parti d'une femme. Il épousa chaudement les sentimens de dona Carmen et encouragea les domestiques dans leur révolte. Il ne restait donc à ce pauvre La Mothe-Baranne, que son soldat, Barbette et Blaisette. Je ne parle pas de Brillache, il obéissait à tout le monde.

Il résulta de cette opposition bien organisée qu'une fois installé dans le fort, personne ne voulut monter la garde. Le majordome donna l'exemple, et les laquais allèrent se coucher dans le foin. Mais Blaisette, indignée, saisit Brillache par le collet au moment où il allait en faire autant, et de son petit poignet vigoureux, le forçant de tourner sur ses talons, elle l'obligea à rester pour tenir compagnie au gentilhomme qui déclara vouloir se charger de la sûreté commune.

Je dois dire que Blaisette était au plus mal avec madame Carmen. Il n'avait pas fallu une demi-journée pour amener ce résultat. Les procédés de la fière Espagnole envers La Mothe-Baranne en étaient la première cause ; jamais Blaisette n'avait pu voir sans attendrissement maltraiter un beau jeune homme. Puis, elle trouvait fort coupable l'envie constante et mal dissimulée que témoignait madame, d'avoir à elle l'enfant de Barbette, pour en faire le sien. Aussi, lorsqu'elle ne se querellait pas avec madame, ce qu'elle seule osait faire, elle machinait quelque chose contre elle. On a vu qu'il ne servit de rien à la sûreté générale qu'elle eût employé son ascendant sur Brillache. Le pauvre garçon avait dormi sur le rempart, au lieu de dormir dans le foin et Belavoir avait surpris la place.

Le fort de Saint-Bonaventure, élevé à la hâte, pour les besoins du moment et destiné à recevoir une très-faible garnison, ne présentait pas une grande étendue, ni des constructions bien importantes. Un retranchement en terre, entouré d'un fossé sans eau et soutenu par des poutres et des pieux, formait un carré de vingt-cinq pieds de longueur sur chaque face environ. Sous le rempart, des espèces de caves étaient ménagées pour servir de magasins et d'écurie; nous avons vu comment La Mothe-Baranne et Belavoir y roulèrent dans leur embrassement martial. Au milieu du carré, une baraque en planches et en gazon figurait le logement du commandant de ce poste. C'était, au monde, tout ce qu'on pouvait trouver de plus rustique.

Lorsque Belavoir et La Mothe-Baranne entrèrent dans cet asile champêtre, ils purent, ou plutôt ils auraient pu admirer l'esprit spartiate qui avait présidé à cette construction; la vérité est qu'ils n'y songèrent même pas. Deux lucarnes d'un pied carré laissaient venir le jour dans cette chambre que la porte laissée ouverte devait éclairer. Les murs étaient crépis en terre battue, le toit montrait les poutrelles qui soutenaient le gazon, seule couverte qu'on eût jugé à propos de lui donner. Dans un coin, il y avait un débris de lit de camp, alors couvert de quelques manteaux et d'un petit matelas de voyage; dans d'autres coins étaient des bottes de foin couvertes également de manteaux; les trois femmes avaient passé la nuit là.

Elles étaient assises chacune à l'endroit qui lui avait servi de lit; Monseigneur se tenait debout à côté de dona Carmen dont la mine n'était pas moins hautaine que de coutume et qui n'avait évidemment aucun souci d'être tombée aux mains d'un vainqueur qu'elle ne connaissait pas. Au contraire, elle avait la lèvre relevée par un sourire ironique et semblait prête à jeter quelque insulte à quelqu'un. Blaisette avait un peu peur; mais elle était fort curieuse de ce qui allait advenir, ce qui lui donnait les plus jolies couleurs du monde et dissipait un peu son émotion; quant à Barbette, elle avait le cœur ému, serrait son enfant dans ses bras et pensait à Louis en attendant le coup de la mort qu'elle se croyait bien sur le point de recevoir.

Nicolas jeta un regard long, profond et

insistant sur le spectacle de ces trois femmes et de ce vieillard.

— Bonjour! dit-il enfin, en faisant un geste poli et bienveillant de la main droite. Voyez en moi un ami plutôt qu'un maître et d'abord dites-moi vos noms. Vous, madame, qui faites une si farouche mine.

— Je n'ai rien à vous répondre, s'écria dona Carmen avec emphase.

— A votre aise, répondit Belavoir; et vous, ma belle demoiselle aux belles couleurs?

— Monsieur l'officier, je m'appelle Blaisette-Brillache.

— Blaisette-Brillache!.... Ah! ah! vous êtes de Melun? Vous êtes la femme de maître Brillache, qui soupait chez maître Gorgebut le jour où....

— Quoi! s'écria Blaisette avec volubilité,

vous connaissez le voisin Gorgebut? Est-ce que vous avez soupé aussi chez lui?

— Je l'eusse beaucoup désiré un certain jour, répondit amèrement Belavoir; mais maintenant, je suis charmé de ne lui avoir pas fait cet honneur. Et vous, ma belle enfant, vous êtes sans doute mademoiselle Barbette Gorgebut?

— Et moi, interrompit Monseigneur d'une voix ferme, je suis le comte de Tranchille, gouverneur de Melun, serviteur de dona Carmen, que voici :

— Vous êtes le gouverneur de Melun? pour la Ligue ou pour le Roi?

— Pour le Roi, monsieur, et je suis prêt à mourir pour son service. Je l'eusse fait si l'on ne m'avait mis à la porte de mon gouvernement.

— Sachez, dit Belavoir, que vous gouvernez des tigres, des misérables, des gens sans cœur! Moi, qui vous parle, j'ai eu un jour faim comme il n'est vraiment pas permis d'avoir faim; puis froid, puis soif à l'avenant! Et on ne m'a pas donné un os, un verre de vin, un tison pour me réchauffer! Ce sont des monstres, surtout maître Gorgebut; quant à maître Brillache, je n'en dis rien, il m'a prêté son manteau et son chapeau.

— Tiens! s'écria Blaisette, le seigneur cornette était déguisé en saltimbanque! Ma foi, tant pis! qui l'aurait pu reconnaître pour ce qu'il est?

— Non, jeune femme, poursuivit gravement Belavoir, je n'étais pas déguisé. Malheur à celui qui rougit de son état. Je suis officier aujourd'hui, je ne veux pas le nier; mais pourquoi? C'est que le ciel m'a donné des vertus qui m'élèvent toujours plus haut que ma naissance et que ma destinée. Cette lutte entre la vertu et le malheur est vraiment intéressante et touchante, s'écria tout-à-coup notre héros, en croisant ses bras! Je suis donc choisi pour servir d'exemple aux générations futures? Ce qui est certain, c'est que je ne rougis pas d'avoir été saltimbanque et même si mes devoirs envers mes semblables me le permettent, je crois que je le redeviendrai. Pour le moment, occupons-nous de vous. Madame Barbette, j'avais enlevé votre fils dans un accès de juste indignation. J'ai appris avec joie qu'il vous avait été rendu. Sachez que j'avais fait vœu, ainsi qu'une autre personne dont nous parlerons plus tard, de venger la mort de cet enfant, que je croyais avoir innocemment causée. Maintenant, madame, messieurs et toute la compagnie, comme j'ai l'habitude de le dire lorsque je parle au public, je suis tout à vous! J'ai des raisons pour sauver madame

Barbette et la mettre en lieu de sûreté ! Il ne s'agit que de savoir où vous voulez aller, je vous conduirai. Je sais tous les chemins.

— Quoi ! généreux Nicolas, s'écria La Mothe-Baranne avec surprise, vous voulez vraiment nous servir de guide ? Quelle reconnaissance paiera jamais un tel service ?

— Votre estime, dit le sentencieux sauteur. Mais veuillez me mettre au courant de ce qu'il convient de faire.

Belavoir commença par s'entendre avec La Mothe-Baranne. Leurs arrangemens ne furent pas longs à prendre. Ils avaient vingt-quatre heures devant eux et comptaient en bien user. Quand tout fut convenu, le précepteur de Louis revint à Barbette et lui demanda un entretien particulier. Il eut beaucoup de peine à empêcher Blaisette de prendre part à ce dialogue : la femme du bon Brillache était terrible sur l'article des confidences; elle ne souffrait pas volontiers qu'on ne lui en fît point quand il y en avait dans l'air; mais enfin Belavoir obtint de rester en tête-à-tête avec la jeune femme, et il s'empressa de lui demander pourquoi elle avait quitté Melun. Elle se troubla, rougit beaucoup, balbutia, versa quelques larmes, mais enfin confessa la vérité, tout en rejetant la faute, s'il y en avait une, sur le compte de Blaisette, dont les conseils avaient égaré sa raison. Belavoir ne manqua pas une occasion si belle de prêcher, et il prêcha comme jamais de sa vie il ne l'avait encore su faire. Ses triomphes récens, les respects dont on l'entourait, les louanges dont on l'avait comblé depuis deux jours, et surtout cette position suprême de protecteur qu'il avait en cette circonstance, le gonflaient à tel point qu'il n'y tenait plus. Il étouffait, il se bouffissait, il se prélassait; l'excellent Nicolas était insupportable.

Il fallait toute la patience de la pauvre petite Barbette pour supporter, sans rien dire, les longues périodes creuses et ronflantes dans lesquelles mons Belavoir lui débita la plus fine essence de sa pédanterie. Il lui remontra, en plusieurs points, l'énormité de sa faute, d'abord aux yeux de Dieu, puis aux yeux des hommes, puis à ses propres yeux à elle-même; il lui en fit toucher au doigt tous les dangers. Il revint ensuite à maître Gorgebut et en dit tout le mal qu'il en pensait; puis, comme il était bon homme et peu logique dans ses idées, il conclut en avertissant Barbette que, puisqu'elle avait à toute force voulu rejoindre Louis, elle se tînt prête à le voir, sauf accident imprévu, avant peu de jours. Il termina en lui apprenant qu'il était le précepteur de Louis et de

Charlotte, et que, par ainsi, il allait aussi devenir le sien.

— Soyez tranquille, mon enfant, lui dit-il, tant que vous serez sous ma protection, vous ne courrez aucun danger d'aucun genre. Je saurai vous préserver de tout. Quand vous voudrez des conseils, vous pourrez m'en demander; à vous, je n'en refuserai jamais. Maintenant, faites-moi le plaisir de me raconter en détail ce que c'est que cette madame Carmen que je prendrais à sa mine pour une impératrice tout au moins, tant elle a l'abord fier et peu avenant.

— Sur ce sujet, répondit Barbette, j'ai ma voisine Brillache qui vous en dira beaucoup plus long que moi; elle connaît très-bien tout ce qui regarde cette dame, en dit infiniment de mal, et a tout appris du majordome, des domestiques et des soldats et surtout des femmes de chambre quand il en restait encore.

— Je vais donc interroger la voisine Brillache, répartit Belavoir, non pas que je sois curieux le moins du monde de m'immiscer dans les affaires d'autrui. Vous vous feriez de moi une opinion bien injuste si vous tiriez cette conclusion de mon empressement actuel; mais pour pouvoir sauver tout le monde, il faut que je n'ignore de rien. Ah! je me donne ici bien du mal! Où en aurai-je ma récompense? Dans le ciel, sans doute! Ici-bas, je n'attends rien de l'ingratitude des hommes... Ouf!

Belavoir s'éloigna de Barbette, après avoir poussé ce soupir, et s'en alla joindre Blaisette, avec laquelle il eut un entretien qui ne fut pas de médiocre durée. Pendant ce temps, dona Carmen essayait de comprendre, avec l'aide de Monseigneur, quel pouvait être cet officier de la Ligue auquel le seigneur de La Mothe-Baranne s'était rendu, qui avait été saltimbanque, et qui semblait connaître tout le monde.

— Madame, disait Monseigneur en secouant la tête d'un air mélancolique, autant que j'en puis comprendre, il y a dans tout ceci des abîmes d'horreur. Je ne veux pas vous confier tout ce que le haut emploi que j'ai rempli à Melun m'a mis à même d'apprendre sur ce personnage; ce sont de ces sortes de secrets que l'on ne doit pas confier à votre vue, dont l'organisation si impressionnable ne serait pas capable d'en supporter les terreurs. Tout ce que je puis vous dire, madame, c'est que nous avons tout à craindre de l'association de monsieur de La Mothe-Baranne avec cet homme si effroyablement célèbre à Melun. Mon épée ne vous fera jamais faute, madame ; voilà tout ce que je puis vous dire.

Rien n'était moins rassurant que ces lugubres déclarations; aussi, malgré sa hauteur habituelle, dona Carmen fut-elle prise d'une crainte qui produisit sur elle l'impression que fait la peur sur toutes les natures de son espèce. Elle devint subitement très-douce et très-souple, et elle qui gardait pour tout le monde un front d'ordinaire fort impérieux, se mit à sourire à chacun. Belavoir fut un des premiers à profiter de cette charmante humeur; car il s'avança bientôt, le bonnet à la main;

— Madame, dit-il en s'inclinant, maintenant que je sais à qui j'ai l'honneur de parler, permettez-moi de vous dire que l'honneur de vous rendre service est un honneur auquel... Bref, madame, je suis le plus humble de vos valets, et je ne me serais jamais attendu à être utile à une personne de votre rang. Aussi, je me tiens tout à vos ordres, et pour commencer, je vous annonce que nous allons partir sur-le-champ. Nos quatre ligueurs sont bien et dûment garrottés dans le grenier; ils ne bougeront pas jusqu'à ce que leurs camarades viennent demain matin les tirer de peine, votre cheval et ceux des deux bourgeoises sont sellés et bridés; si vous n'avez pas d'objections à faire, nous partirons sur-le-champ; si, au contraire, vous trouvez quelque chose de mieux à proposer, dites-le, pour que je prouve, sans tarder, que vous avez tort. Hum!

Belavoir arriva au bout de sa harangue avec une visible satisfaction. Il s'était proposé, en la commençant, de réunir le respect qu'il devait à une personne telle que dona Carmen à la fermeté que comportaient l'emploi dont il s'était revêtu et le caractère de la dame autant qu'il le connaissait d'après les récits longs, détaillés et peu flatteurs, mais assez vrais de Blaisette. Il eut sujet d'être assez fier de son éloquence, car dona Carmen lui répondit modestement :

— Monsieur, je suis toute prête à vous obéir, car je ne doute pas que tout ce que vous ferez ne soit pour mon bien.

En parlant ainsi, elle tendit la main au saltimbanque, qui prit respectueusement ses doigts délicats et conduisit, avec toutes sortes de politesses, la belle Espagnole à la porte de la cabane. Monseigneur suivait, le sourcil froncé, la main droite au pommeau de son épée, prêt à pourfendre Nicolas au moindre signe de mauvaise intention.

Dans la cour du fort, on trouva La Mothe-Baranne, les domestiques, Brillache et les deux bourgeoises, déjà à cheval. Les trois survenans montèrent aussitôt sur leurs palefrois, et Belavoir ayant donné le signal on se mit en route d'un côté opposé à la route qui menait à Orléans, sans faire attention aux grognemens des quatre ligueurs attachés et solidement bâillonnés dans le foin.

XLI.

Voyage. — Humiliation de Brillache dont Belavoir se plaît à triompher.

Il y avait quelque chose d'assez beau, soit dit en passant, dans la conduite de Belavoir. Assez beau, dis-je? Je me trompe; il y avait quelque chose qui eût été tenu pour du sublime de la part de tout homme mieux placé pour faire admirer ses vertus qu'un sauteur émérite. Le lecteur sagace aura remarqué sans doute avec quelle rapidité, avec quel laisser-aller parfait, Nicolas a retourné son habit et de ligueur s'est fait royal, et cependant favori du père Crucé, comme le hasard avait voulu qu'il le devînt, et de plus, ployant déjà, par l'effet de son heureuse étoile, sous des lauriers d'autant plus verdoyans et plus nombreux qu'ils lui avaient moins coûté, il était certain qu'avec un peu d'aide de sa part le grade de cornette serait bientôt dépassé et que des destinées plus hautes et plus brillantes attendaient l'heureux vainqueur du château d'Orléans. La position de Belavoir n'était pas pour effaroucher les bienveillantes dispositions de la fortune; qu'importait le nom de Bohémien, si le cœur de l'homme promettait un bon ligueur? Dans les guerres civiles, il faut renouveler si souvent les instrumens de la lutte, qu'on ne tient pas beaucoup à choisir le bois dont on les fait.

Mais notre ami tourna le dos aux splendeurs probables de son sort avant qu'elles eussent eu le temps d'éclore. Aussitôt qu'il vit l'intérêt de son cher Louis en jeu ; aussitôt qu'il eut retrouvé ce malheureux enfant volé dont les malheurs imaginaires avaient si souvent troublé le repos de ses nuits, il se sentit rempli du subit désir de protéger la femme qu'aimait son élève et de sauver l'enfant de dangers nouveaux. Il savait, pour l'avoir vu de ses propres yeux, comment on entendait à Orléans, les rapports de ligueurs à royaux et à huguenots, il n'hésita pas un seul instant à sauver d'un massacre inévitable les amis inconnus qu'il avait trouvés, et son dessein fut encore plus affermi lorsqu'il sut qu'un La Mothe-Baranne, le propre fils du vieux seigneur qui l'avait si bien accueilli au château de La Buette, était le chef de l'expédition à laquelle il s'unissait.

Tels furent les mobiles de la conduite de Belavoir; peut-être arriva-t-il aussi que son inconstance naturelle vint en aide à la vertu, et que déjà, las de son rôle militaire, il soupirait après la liberté vagabonde qui lui était devenue si indispensable; je n'en voudrais pas jurer; mais à examiner de si près tous les grands actes de dévoûment, il en est peu qui resteraient immaculés. Nous savons que Belavoir a fait un beau sacrifice; nous savons qu'il aime profondément le jeune baron auquel il se plaît à donner le titre d'élève; n'allons pas pousser l'enquête plus loin, et donnons les mains sans hésitation à ce que notre ami se pavane en liberté, comme il le fait, à la tête de la troupe qu'il arrache à des dangers si certains et si terribles.

A côté de lui, mais en silence, marche le seigneur de La Mothe-Baranne; ce gentilhomme, enveloppé dans son manteau, et son chapeau empanaché rabattu sur les yeux, ne prononce pas une seule parole, et chemine livré à toute l'amertume de ses pensées. Ce caractère, violent et emporté dans la passion, l'est également dans le repentir; et bien qu'il ressente encore la cuisson des feux mal éteints que son amour pour dona Carmen a si long-temps entretenus dans son âme, il met toute son énergie à étouffer une passion dont il a reconnu tous les dangers, dont il regrette tous les excès.

Par les aveux qui ont eu lieu de la part de ce jeune homme au château de Cornisse, nous savons déjà son histoire, et combien les égaremens de son cœur l'ont entraîné loin. Ce n'est pas vainement qu'il a exprimé la volonté de chercher dans une pénitence austère la punition de ses fautes. Il sent qu'après avoir renoncé avec éclat à sa religion, il lui sied d'y recourir avec éclat, et il se prépare, dans le secret de son âme, à une de ces abnégations solennelles si fréquentes dans ce siècle où tant d'esprits furent ballottés, jusqu'à leur mort, entre l'hérésie et les croyances orthodoxes. Il rêva enfin, pour conclusion à sa vie agitée, la couronne monacale et le cordon de saint François.

Et qu'on ne s'y trompe pas; plongé dans ces austères pensées, le seigneur de La Mothe-Baranne n'en est pas moins encore un des plus lestes et des plus fringans cavaliers de la cour du Béarnais. La vigueur de son corps est à son apogée, le charme de son visage mâle n'a rien perdu; c'est toujours le même soldat qui, à Coutras, se fit admirer des plus difficiles et donna le coup de lance et le coup d'épée avec une ardeur martiale dont les jeunes seigneurs catholiques compagnons de Joyeuse, ne purent, malgré leur haine pour le renégat, qu'admirer l'énergie.

Les injures de dona Carmen et la rupture décidée qui s'en est suivie, n'ont fait que confirmer La Mothe-Baranne dans des sentimens conçus dès long-temps; aussi, en lui-même, bénit-il le ciel d'avoir trouvé secours dans sa faiblesse et d'être porté par la rigueur de celle qu'il aime à faire son devoir.

Devant une physionomie aussi sombre et aussi méditative, Belavoir, mis au fait de tout par son amie Blaisette, avait grande envie de distiller le nectar de ses conseils; mais, malgré lui, l'air sérieux et froid du seigneur de La Mothe-Baranne lui en imposait un peu. Avant de se trop compromettre en s'enhardissant peut-être hors de saison, il sentit qu'il lui était nécessaire de retremper son air magistral dans une conversation avec les deux jeunes femmes, et laissant donc le désolé gentilhomme faire à lui seul la tête de la colonne, après lui avoir indiqué brièvement la route à suivre dans les bois, il arrêta son cheval et vint se placer entre les deux bourgeoises.

— Dame Brillache, dit-il, nous avons un capitaine d'humeur bien mélancolique. Il est malheureux, ce jeune homme!

Dame Brillache fut enchantée de voir se nouer une conversation. Elle se tourna vivement sur sa selle, et regarda Belavoir avec des yeux brillans et gais.

— Il y a peu de pierres, dit-elle, dont le sort soit aussi mauvais que celui de ce pauvre seigneur. Comment voulez-vous qu'on existe lorsqu'on est amoureux d'une dame qui regarde le genre humain comme poussière et qui n'est jamais occupée que de l'idée de devenir reine. Un saint ne pourrait y résister! Dites-nous donc quelque chose que nous voudrions savoir, monsieur le cornette; où est-ce que vous nous menez?

— Je ne suis pas venu, mesdames, pour satisfaire votre curiosité peut-être frivole, mais bien pour m'instruire moi-même. Croyez-vous que de bons avis, habilement présentés à monsieur de La Mothe-Baranne par un homme sage et grave, ne pourraient influer d'une manière heureuse sur son bonheur, sur sa tranquillité?

— Pour moi, répondit Blaisette, je ne m'en soucie pas. Quand il aura assez boudé, il se raccommodera; tous les avis que vous pourriez lui donner ne l'empêcheront jamais de courir après cette belle dame. Quand on est amoureux, voyez-vous, maître Belavoir...

— Madame Brillache, je n'ai pas besoin d'apprendre de vous ce qu'il en est; je ne suis pas tout-à-fait sans quelque expérience de la vie, et vous n'avez rien à me dire en toutes choses que je ne sache parfaitement.

— Alors pourquoi m'interrogez-vous? répondit-elle d'un petit ton aigre.

— Réponse pertinente! Il est certain que, si je vous interroge, j'ai quelque chose à vous apprendre. C'est donc ceci. Vous connaissez le seigneur de La Mothe-Baranne; puis-je, sans l'offenser, risquer quelques observations qui lui soient personnelles? Je crois qu'il se trouverait bien d'entendre ce que j'ai à lui dire.

— J'ai toujours pensé, répartit Blaisette d'un ton précieux qui la mit pour un moment à la hauteur de Belavoir, qu'il ne fallait jamais s'empêcher de parler quand on en a envie, et quoi qu'il puisse arriver, rien n'est si terrible que d'étouffer ses paroles et ne fait tant de mal.

— Je crois que je vais suivre ce sentiment, répondit Belavoir; et comme il voulait pousser son cheval et s'éloigner, il se sentit arrêté par la manche. C'était Barbette, la plus soumise de toute la troupe à ses décisions, qui, de son doux regard, le suppliait de s'arrêter encore.

— Monsieur, lui dit-elle, je suis bien malheureuse et bien coupable.

— Eh quoi! mon enfant, répondit Belavoir, qui se sentit attendri rien qu'à contempler le joli minois et l'air dolent de la petite personne.

— J'ai suivi les conseils de ma voisine Brillache; j'ai laissé là maître Gorgebut : il pourrait bien lui arriver malheur, et quoiqu'il ait eu l'envie de me tuer, j'aurais dû me laisser tuer plutôt que de m'en aller ainsi loin de ma maison et de mes parens.

— Voilà bien raisonner, ma fille; mais qu'y puis-je faire?

— Monsieur, puisque vous allez devant

vous, vous pourriez aussi bien aller du côté de Melun et me remettre chez moi.

— Voilà une idée! s'écria Blaisette en riant; la petite voisine n'en a jamais que de semblables.

Barbette, voyant qu'on se moquait d'elle, se mit à pleurer.

— Il est bien aisé, dit-elle en sanglotant, à la voisine Blaisette de prendre son parti de tout; elle a retrouvé son mari!

— Ma foi! ce n'est pas le plus beau de mon affaire, répondit Blaisette en montrant Brillache, uniquement occupé à sonder du regard tous les taillis, pour voir si une armée de maraudeurs n'allait pas s'en élancer.

— Je voudrais, poursuivit Barbette, retourner chez maître Gorgebut, lui demander pardon, et me faire tuer s'il en a envie. D'ailleurs, monsieur le baron n'aura guères de plaisir à voir une femme détournée de ses devoirs, et qui est certainement maudite de Dieu pour avoir suivi de mauvais conseils.

— Au fond, dit Belavoir, je ne désapprouve pas vos sentimens, ma fille; ils font honneur à votre honnêteté; et bien que madame Brillache paraisse s'en moquer, je crois que son air déluré n'est point ici de saison. Mais le vin est tiré, il faut le boire : vous vous êtes mises en route, il faut aller jusqu'au bout : pour ce qui est d'aller à Melun, n'y comptez pas de ma part en aucun jour de ma vie. Je ne sais à quels voyages le sort me réserve : j'irai peut-être en Turquie, en Perse, en Afrique, mais à Melun, jamais! Jamais je n'irai à Melun! Il est inutile d'insister, mon parti est bien pris; mon horreur est invincible... A Melun?... jamais!

Voici, cependant, ce que je puis vous proposer pour calmer vos justes remords. Je connais, non loin d'ici, un château nommé

La Buette, qui appartient aux parens du seigneur de La Mothe-Baranne que vous voyez là cheminer le front bas, comme un malheureux excommunié qu'il est, soit dit entre nous!

Les deux femmes firent le signe de la croix; Belavoir les imita.

— Eh bien! si je puis décider notre chef, car c'est notre chef à cause de sa naissance, quoique j'aie l'air de l'être à cause de mon esprit; si je puis, dis-je, déterminer notre chef à se rendre à ce château où son vieux père et sa mère non moins âgée, seront si heureux de le presser dans leurs bras, vous trouverez là, mon enfant, un asile sacré où votre jeunesse et votre inexpérience auront tout le temps de déplorer la faute que vous avez commise. J'ai entrevu là aussi un vénérable curé qui m'a fait l'effet d'être tout ce qu'il faut pour ramener le calme dans une âme trop émue. Je vous dirai, en outre, que la sœur de monsieur le baron habite ce château, et que sur la terre, dans l'air, dans l'eau et je dirai presque parmi les anges, il n'y a aucune créature qui puisse lui être comparée. Ce projet vous convient-il?

— Ah! monsieur, s'écria Barbette, que je serai heureuse, s'il peut se réaliser! Habiter auprès de la sœur de monsieur le baron? quel bonheur et qu'ai-je fait pour le mériter!

— Puisque cette idée vous sourit, poursuivit Belavoir, je vais en glisser quelque chose dans la conversation que je médite d'avoir avec notre capitaine, conversation pour laquelle je cherche à concentrer, mes belles dames, toute la force de ma logique, toute l'onction de mes principes de vertu, toute la puissance et l'énergie de mon éloquence.

— Ce que vous allez dire sera donc bien beau? demanda Blaisette avec bonne foi.

— Je l'espère, répondit Belavoir; et il allait s'éloigner quand, à son tour, Blaisette le retint :

— Voilà Barbette logée! s'écria-t-elle; mais moi? que comptez-vous faire de moi? Vous n'allez pas, sans doute, me laisser au milieu du chemin?

— Vous avez Brillache, dit Nicolas.

— Brillache! mais regardez-le donc! quel beau protecteur! Si je n'étais pas là pour lui souffler de temps en temps un peu de courage, il serait déjà mort de peur. Voyez-le, comme il marche plié en deux sur son courtaud, regardant partout, geignant, soufflant, et enviant le sort des taupes, qui marchent sous terre et qui n'ont pas souci des maraudeurs. Voilà vraiment un beau protecteur que vous me donnez! Trouvez-moi mieux, je vous prie!

— Heuh! dit Brillache en arrêtant son cheval et en poussant un cri étouffé.

— Tenez! s'écria Blaisette en éclatant de rire, que vous disais-je? Il vient d'avoir peur d'un lapin qui a sauté dans l'herbe!

— Je pense, dit Belavoir, que vous avez raison. D'ailleurs, il n'y a pas de motif pour que nous vous forcions de gagner le camp du roi de Navarre, ou même la ville où se trouve Henri III. Je verrai à employer mon crédit au château de La Buette pour qu'on vous y fasse une petite place. Cependant, je ne vous promets rien, attendu qu'un château n'est pas une auberge, et que, raisonnablement, le vieux seigneur de La Mothe-Baranne ne peut héberger tous les Melunois à qui il prend envie de se promener. Néanmoins, comme je vous le dis, je ferai tout mon possible pour vous; et quant à vous, madame Barbette, soyez sûre du succès.

Belavoir allait enfin lancer son cheval en avant, quand il fut encore une fois retenu : il se fâcha, car c'était à Brillache qu'il avait affaire.

— Monsieur Brillache, lui dit-il, je vous trouve hardi!

— Ah! monsieur le cornette! vous vous méprenez sur mon compte : je n'y mets aucune audace, je vous assure!

— Monsieur Brillache, je vous invite à ne pas vous familiariser avec moi. Il vous souvient peut-être qu'un certain jour vous avez crié qu'il fallait me mettre à la porte. Ce jour-là, vous étiez à table jusqu'au menton, buvant, mangeant, riant, chantant à gorge déployée, suant dans vos bons habits et un peu gris, et vous m'avez fait chasser! Ce que je puis faire, c'est de ne pas m'en venger aujourd'hui en vous donnant de l'épée dans le ventre! Voilà tout ce que je veux vous accorder, c'est la vie! mais aucune familiarité ne doit exister entre nous!

— Ah! monsieur le cornette! ah! monsieur de Belavoir! Vous avez le cœur bien occupé des injures, bien oublieux des services!

— Vous m'avez rendu des services, monsieur?

— Et mon chapeau que je vous ai prêté.

— Quoi?

— Et mon manteau que je vous ai laissé?

— Qu'est cela?

— Vous ai-je jamais réclamé l'un ou l'autre?

— J'étais en fuite, malheureux; comment auriez-vous pu?...

— Je n'y ai jamais pensé. Je savais la destination de mes hardes, j'étais heureux, j'étais fier.

— Mais, maraud, je te les ai volés, ce dont je me repens.

— Volés? point. Vous les avez reçus.

— Est-ce vraiment ton avis?

— Complètement.

— Tu es un brave homme, embrasse-moi. Je n'avais sur le cœur que deux fautes dans toute mon existence, l'enfant et ta vêture enlevée; maintenant que de l'un et de l'autre il n'est arrivé rien de mal, je me trouve supérieur à tout ce que je connais, et capable d'en remontrer à saint Antoine en fait de vertu. Viens, Brillache, je te rends mon amitié; que veux tu?

— Je voudrais que vous me permissiez de ne pas m'éloigner de vous, parce que, s'il arrive malheur, je suis persuadé que, brave comme vous êtes, vous saurez bien vous sauver de tout mal, et moi, étant derrière un si grand homme, j'aurai quelque chance de m'échapper. Prenez-moi pour domestique?

— Quoi! Brillache, s'écria Blaisette indignée, n'as-tu pas de honte! un bourgeois!

— Il n'est jamais honteux de sauver sa pauvre vie, dit Brillache d'un air abattu. Je ne me plains pas de toi, Blaisette; mais tu es bien cause de tout ce qui nous arrive. Si tu n'avais pas voulu suivre dona Carmen, et aller chercher avec la voisine, monsieur le baron, j'aurais quitté Monseigneur le gouverneur, dont aussi je m'étais fait le domestique, et je serais rentré dans Melun, où j'aurais bien su me blanchir; mais tu n'as pas voulu, et tu vois où nous en sommes. Non! je veux être le domestique de monsieur de Belavoir.

Nicolas se rengorgea; on sait que la vanité était son côté faible. Il lui sourit beaucoup d'avoir à sa suite un bon bourgeois qui ferait ses commissions, brosserait ses habits lorsqu'il en aurait de rechange, pourrait un jour être employé facilement à toucher la recette ei à faire placer le public et qui en tout temps, par état, serait forcé d'écouter les homélies de son maître.

— Brillache, dit Nicolas avec bonté, je ne refuse pas ton offre, mon ami; mais je t'annonce que, sur le chapitre des gages, la question est fort délicate. Tu ne sais pas à quel point il me serait difficile de te payer tes gages.

— Monsieur le cornette, répondit humblement Brillache, si seulement vous êtes assez bon pour me nourrir et me vêtir, je ne vous demanderai que lorsque vous aurez.

— Ouf! s'écria Belavoir en faisant un haut-le-corps, tu es ambitieux, marouffle! Mais encore une fois, j'y réfléchirai. En attendant et pour te récompenser d'avoir délivré ma conscience d'un poids qui l'importunait, je t'autorise à marcher toujours à dix pas derrière moi. Tu n'approcheras pas davantage, bien entendu, lorsque je serai en conférence avec quelqu'un, sans quoi, il n'y aurait pas de secret possible.

Ici, monseigneur de Tranchille vint tomber au milieu du colloque, terminé à la plus grande satisfaction de Brillache qui exprimait sa joie autant que le lui permettait le soin vigilant avec lequel il continuait d'inspecter les buissons.

— Monsieur, dit Monseigneur d'un ton hautain, il peut vous paraître étrange qu'une personne de ma qualité vienne proposer un duel à un homme de la vôtre.

Belavoir toisa d'un air surpris le vaillant gentilhomme, qui le regardait sérieusement.

— Je ne sais pas, monsieur, répondit-il

enfin, ce qu'en toute autre circonstance je devrais de respect à votre naissance, que je ne conteste point; mais ce que je sais aussi parfaitement, c'est qu'en ce jour je me vois cornette au service de la sainte Ligue, gouverneur, grâce à la force de mon bras, du fort de Saint-Bonaventure, et que, par les lois de la guerre, vous êtes mon prisonnier. Je ne crois pas que ce soit l'usage du vainqueur d'accorder au vaincu le droit de lui porter un cartel.

— Vous parlez en homme de bon sens, monsieur, répartit Monseigneur, et pour mille raisons que vous ne citez pas, je n'aurais pas voulu vous offrir de croiser votre épée avec la mienne, si la volonté d'une dame, volonté plus puissante que toutes les règles, vous ne l'ignorez pas! n'était intervenue. Je vous annonce avec regret que vous avez eu le malheur de déplaire à dona Carmen, et que je tiens beaucoup à la débarrasser de votre présence.

— Allez! s'écria Belavoir perdant patience, vous êtes un vieux fou!

— Que dites-vous, monsieur?

— Je dis que vous êtes un vieux fou et que je suis entouré d'importuns dont il est temps que je me délivre. Depuis une heure je veux aller m'entretenir avec monsieur de La Mothe-Baranne, et je ne puis y arriver! Arrière, femmes, bourgeois et gouverneur! celui d'entre vous qui m'ennuiera désormais apprendra à ses dépens que je suis le maître! Je ne me bats avec personne, mais si l'on me fâche, je plante tout le monde au milieu du bois et je m'en vais seul avec mon valet Brillache. C'est bien entendu? sachez qu'il n'y a pas à en revenir. Si je déplais à dona Carmen, elle me déplaît bien davantage avec sa conduite louche, ses gros yeux fiers et son air majestueux. J'ai dit. En avant Brillache!

Belavoir piqua son cheval, et en peu d'instans il avait rejoint le seigneur de La Mothe-Baranne, qui marchait, toujours pensif, à cent pas en avant de la cavalcade.

XLII.

Arrivée à une auberge célèbre où se trouve quelqu'un qu'on n'attendait pas.

La course qu'il lui fallut faire, pour rejoindre le seigneur de La Mothe-Baranne, calma un peu l'irritation du cœur de Belavoir. Il faillit presque, après avoir donné le premier moment à la colère, donner le second à l'attendrissement.

— Voyez un peu, se dit-il, à quelles épreuves me soumet la destinée! Voici maintenant qu'elle me charge de la conduite d'une troupe la plus bigarrée qu'on vit jamais. Des femmes, des fous, des amoureux, pas un homme sage! Je suis donc le gouverneur, le précepteur, le guide du genre humain? Pourquoi, dans ce cas, suis-je né saltimbanque? L'état de sauteur serait-il celui qui donne le plus de lumières sur le cœur humain, et qui apprend le mieux à gouverner ses semblables? C'est peu probable! Je m'y perds! Toutefois, laissons-là les réflexions et parlons sérieusement à ce malheureux jeune homme.

Alors Belavoir fit trêve à son muet soliloque, et, prenant une voix douce et grave tout ensemble, il s'adressa en ces mots à monsieur de La Mothe-Baranne :

— Dans les entretiens que nous avons

ous ensemble, je ne vous ai pas laissé ignorer que l'attachement le plus vif, contracté dans des dangers courus en commun, et, je puis l'ajouter sans cesser d'être véridique, que des services mutuels m'ont fait contracter pour un des membres, pour deux des membres de votre famille, me donnait quelque droit de me considérer comme votre serviteur.

— Oui, mon cher Belavoir, répondit La Mothe-Baranne, vous m'avez parlé de votre dévoûment à mon jeune cousin; j'admire, comme je le dois, d'aussi beaux sentimens que les vôtres, et je voudrais, je vous l'avoue, être en position de vous en donner la récompense. Mais je ne vous ai pas laissé ignorer que j'étais à la veille de renoncer au monde.

— Monsieur, reprit Belavoir, si je vous

ai parlé de mes services rendus au baron Louis, ce n'est pas, soyez-en sûr, pour vous donner à penser que j'ai l'âme vénale. Coup sur coup, dans l'espace de peu de jours, j'ai abandonné les plus brillantes positions; je tiens donc à ce que vous restiez bien convaincu que le désintéressement le plus entier n'est pas une des moindres qualités de mon caractère. Ce que je prétends vous faire toucher au doigt, c'est ceci : que, par mes faits et gestes, j'ai mérité l'honneur d'avoir la confiance de tous les La Mothe-Baranne présens, passés et futurs. Voici donc ce que mon zèle m'inspire de vous dire : Monsieur! vous avez un père, vous avez une mère, vous avez un vieux curé qui vous aiment tendrement! Et puisque vous revenez à de bons sentimens après des fautes qui, à ce que j'ai ouï dire, ne sont pas minces, il vous sied de commencer par porter la consolation dans l'âme de ces tendres et vénérables personnes.

— Qu'osez-vous dire, Belavoir? s'écria La Mothe-Baranne d'un ton douloureux, je n'aurai jamais le courage de me présenter devant ma famille. Vous ne savez pas comme je l'ai quittée. Sachez qu'une nuit, et si je vous raconte cette histoire lamentable et honteuse, c'est pour m'humilier moi-même! une nuit, je brisai le coffre de mon père, je pris cent écus d'or qui y étaient contenus, et je m'enfuis entraînant avec moi une jeune paysanne séduite que j'abandonnai huit jours après dans une auberge de Paris. Je fus connu pendant deux ans comme un des plus méchans batteurs de pavé qui se pût trouver entre la porte Saint-Honoré et la Bastille; puis je me fis huguenot, puis je pillai sur les routes, puis je fus condamné pour maraude à être pendu par monsieur l'amiral de Coligny! Je n'en échappai que par mon courage aventureux qui m'avait rendu cher à tous les chefs protestans, et qui, tous les jours, me donnait occasion de rendre des services. On commua le supplice de la corde en une mission où je devais trouver mille fois la mort. Je réussis au gré de l'amiral à accomplir ma tâche, et j'en fus quitte pour quatorze blessures qui me firent hésiter deux mois entre le trépas et la vie. Enfin je fus sauvé. Devenu célèbre par ma bravoure, je fus pris pour écuyer par le Roi de Navarre, je lui montrai mon zèle jusqu'au jour où je devins amoureux si éperdûment de la femme que vous savez, que j'en perdis toute liberté. A sa voix, j'allais devenir faussaire. Vous savez comme la Providence m'en a préservé, et par quelle suite de hasards je me vois ici. Et vous voulez que j'aille présenter à ma famille ce front déshonoré?

Non, Belavoir, malgré mes fautes, il me reste trop de fierté pour encourir tant d'ignominie. Puisque vous connaissez ma mère, vous irez lui dire, je vous en charge, que son malheureux fils a enfin reconnu ses erreurs et que, sous la haire et le cilice, il est désormais résolu à les pleurer à jamais ! à jamais ! dites-le lui bien ! jusqu'à son dernier soupir !

Belavoir essuya une larme que l'émotion faisait couler sur sa joue.

— Monsieur, lui dit-il, vous vous exagérez beaucoup des fautes graves sans doute, mais qu'un repentir si grand efface à moitié. D'ailleurs, dans les temps où nous vivons, beaucoup d'hommes sont plus coupables que vous qui ne se croient pas damnés pour leurs péchés, et je trouve que vous allez un peu bien loin. Autant que je puis m'y entendre, vous avez la tête vive et vous allez beaucoup au-delà du but. Ne vous montez point ainsi. Vous avez mal agi ces années passées? Vous ferez mieux à l'avenir. Ne vous imaginez pas qu'il soit nécessaire que vous soyez moine; devenez simplement honnête homme, et je vous promets, moi, Nicolas Belavoir, que vous aurez suffisamment expié vos fautes.

— Oui, répartit La Mothe-Baranne sévèrement, c'est ainsi que jugent les esprits superficiels. Il leur suffit qu'on ne fasse plus mal pour que les torts passés s'oublient; mais je ne suis pas aussi indulgent pour moi-même.

— Hé! monsieur, reprit Belavoir, s'il vous faut absolument des austérités, je ne vous détourne plus! Mais commencez du moins par aller vous humilier aux pieds des habitans de La Buette! Puisque vous avez commencé la longue série de vos torts par vous rendre coupable envers eux, il est bon, il est indispensable que vous en fassiez d'abord pénitence, en courant humilier cette fierté dont vous parliez tout-à-l'heure et qui vous rend si difficile d'aller encourir leurs reproches !

Il n'y avait rien à répondre à cette tirade, et, après un moment de réflexion, le seigneur de La Mothe-Baranne tomba d'accord que son conseiller pouvait bien avoir raison, et qu'il était, en effet, à propos d'aller solliciter l'indulgence, le pardon et la bénédiction de ses parens avant de commencer une ère nouvelle.

Alors Nicolas, ayant obtenu ce grand point, explique à son interlocuteur combien il était nécessaire pour la sûreté commune de prendre ce parti qui allait résoudre bien des difficultés.

— Nous sommes, dit ce spirituel garçon, à peine à dix lieues de chez nos parens. Je ne sais pas si nous rencontrerons d'ici là l'armée royale; quant aux huguenots, je n'ai aucune notion sur la position qu'ils occupent en ce moment; ils peuvent s'être beaucoup rapprochés, comme aussi il n'est pas impossible qu'ils se soient éloignés beaucoup. Traîner, comme nous le faisons, tout ce bagage de femmes, c'est une tâche aussi difficile que dangereuse. Que feront les deux bourgeoises dans un camp? J'en frissonne d'horreur, surtout avec les dispositions assez vives de la petite Blaisette. Vous voyez bien qu'il faut nous arrêter en route et nous débarrasser d'une suite inutile. Quand nous n'aurons plus que dona Carmen à ramener chez elle, une bonne partie de la besogne sera faite.

La Mothe-Baranne tomba d'accord que

rien ne pouvait être mieux entendu que cet arrangement, et il l'adopta dans toutes ses parties. Il pria Belavoir de communiquer ce qui allait se faire à dona Carmen, dont le rang méritait de pareils égards; mais Nicolas ne fut pas de cette opinion; il déclara que les guides d'une entreprise devaient toujours garder le secret sur leurs volontés et savoir les faire admettre sans discussion. La Mothe-Baranne ne le contredit pas et le sauteur n'alla rien dire à la belle Espagnole. Très-évidemment sa répugnance pour elle s'était augmentée de beaucoup, depuis qu'il avait appris qu'elle ne goûtait pas les charmes de sa personne.

On continua donc de voyager sans faire de trop mauvaises rencontres, jusqu'au moment où l'on découvrit à l'horizon l'auberge fameuse où habitaient Madelon et Toinon, et où Belavoir et son élève avaient fait la connaissance fortunée du seigneur Briscambille. A l'aspect de cet endroit qui lui rappelait tant de souvenirs, Nicolas se sentit ému et battit des mains ; il voulut célébrer par un éloge senti les lieux charmans où il avait passé de si douces heures.

— Voilà, s'écria-t-il, en s'adressant aux deux bourgeoises auprès desquelles il se sentait toujours plus à l'aise, voilà une auberge qui ne paie pas de mine. On n'y voit guère qu'un grand mur gris percé de quelques fenêtres basses, et ombragé près de la porte d'un vieux noyer qui, dans ce moment, n'a pas même de feuilles. Eh bien! mes belles dames, cette auberge n'en est pas moins la reine de toutes les auberges ! Ce qu'on y mange y est excellent, ce qu'on y boit y est parfait, et les lits y sont délicieux. Je désire que l'on entre là pour se reposer un peu des nuits nombreuses passées depuis quelque temps à la belle étoile par tout ce beau monde que j'ai l'honneur de conduire.

— Pensez-vous, Belavoir, que nous puissions entrer là sans témérité inutile? demanda La Mothe-Baranne.

— Je le pense, répondit Nicolas. A ma connaissance, il y a beaucoup de gentilshommes royaux dans les environs et l'aubergiste est un brave homme.

— Je ne suis pas pour contredire monsieur le cornette, dit l'intendant de madame Carmen, mais je me rappelle parfaitement que nous avons autrefois passé ici deux jours avec toute la suite de madame et que le mémoire fut long et dispendieux.

— Taisez-vous, vieux juif! répartit Nicolas avec colère, je ne vous ai point pardonné votre insolence à mon égard, et si vous osez élever la voix en ma présence, je recommencerai la conversation à coups de poing que j'ai eue déjà jadis avec vous et où vous n'étiez pas le plus éloquent de nous deux. Je trouve cette auberge à mon gré et je vous dispense de toute observation ! Allons, mesdames, allons, messieurs, pressons le pas et tâchons d'arriver bientôt !

Chacun obéit au désir de Belavoir. La cavalcade pressa les chevaux, et au bout d'une demi-heure on mettait pied à terre devant l'auberge, en présence de l'hôte, de l'hôtesse et de leurs deux filles accourues pour recevoir la compagnie qui arrivait.

Dans le premier moment, les gens de l'auberge eurent quelque peine à reconnaître tout ce monde. Dona Carmen et le seigneur de La Mothe-Baranne étaient apparus, la première fois, dans un équipage si leste, si magnifique, si différent du train misérable qui leur restait seul en ce jour, qu'on était fort excusable de s'y méprendre un instant et d'hésiter avant de les saluer. Pour Belavoir, si on le méconnaissait, c'était par une raison fort différente. Couvert de soie, de velours et d'acier, il ressemblait trop peu au pauvre gouverneur du pauvre gentilhomme que l'on avait vu passer quelques mois en çà, pour être reconnu tout à l'instant.

Pourtant, il faut rendre cette justice à l'hôtelier et à sa famille, que leurs efforts de mémoire ne furent pas de très-longue durée, et bientôt ils accoururent, avec force démonstrations de joie, autour des voyageurs, et appelèrent servantes et valets pour prendre la bride des montures fatiguées.

— Hé bien, madame, hé bien, monsieur, criait l'hôtesse, il me paraît que vous avez expérimenté par vous-même dans quel temps de misère nous vivons? Où sont vos beaux carrosses, vos mulets si fringans et si pomponnés avec leurs clochettes, et tous vos soldats et vos femmes de chambre? Ma foi! tout cela s'est fondu. Il ne faut pas vous en affliger : pauvre aujourd'hui, riche demain! Vous trouverez toujours quelques écus pour payer votre écot; c'est le principal. Et d'ailleurs, voyez le seigneur Belavoir; comme il a bonne mine! Il paraît que, tandis que vous descendiez, il montait.

— Allons, bonne femme, cessez ce bavardage, dit Belavoir, et faites-nous préparer des chambres, des lits et à souper. Tels que vous nous voyez, nous avons grand besoin de tout cela. Ah! un mot seulement : faites-nous une bonne et copieuse omelette au lard, on n'en mange pas à la cour, et depuis que j'ai quitté Sa Majesté, j'ai été si diversement tracassé d'occupations multipliées, que je n'ai pas eu le loisir de me procurer une omelette au lard.

— Vous allez en avoir une, et des meilleures, répondit l'hôtesse, et elle partit sur-le-champ pour aller donner ses ordres. L'hôte l'accompagna, annonçant qu'il allait faire une visite bienfaisante à sa cave, et Belavoir ne vit pas plutôt que ces deux personnages avaient le dos tourné, qu'il s'approcha vivement de Madelon et lui dit bien bas :

— Ma chère enfant, Briscambille me charge de mille choses tendres pour vous. Il vous aime plus que jamais. Je ne vous dirais pas qu'il est fou de vous, car il serait tenu à être fou sans cela; mais il vous adore! Maintenant, dites-moi si dans votre auberge il n'y a aucun voyageur suspect.

— Ah! Briscambille vous a dit... s'écria Madelon.

Belavoir l'interrompit.

— Oui, il m'a dit beaucoup de choses que je vous répéterai quand nous en aurons le temps. Soyez seulement assez bonne pour me répondre. Y a-t-il quelque étranger ici?

— Oui, monsieur, il y a un vieux marchand juif qui jure comme un possédé et qui a fort mauvaise mine. Du reste, il dit qu'il est marchand, il a plutôt l'air d'un voleur. Ses habits tombent en lambeaux et il porte une dague énorme. Tenez, vous pouvez le voir d'ici... Là, dans le coin de la salle commune, nous tournant à moitié le dos.

Belavoir avait pâli à la description peu rassurante que Madelon faisait de l'étranger; son regard suivit avidement la direction du doigt de la jeune fille, et lorsqu'il eut un instant considéré le personnage qui lui était désigné, il laissa échapper un cri de surprise.

Il se contint pourtant, et laissant tout le monde s'empresser autour des femmes qui

descendaient de leurs chevaux, il entra dans
la salle et vint s'asseoir juste en face du pré-
tendu marchand juif.

Celui-ci, en voyant exécuter cette ma-
nœuvre, se rejeta vivement en arrière et mit
la main sur sa dague; mais il regarda Belavoir et aussitôt il quitta son attitude furi-
bonde pour s'écrier comme Belavoir avait
fait lui-même en l'apercevant :

— Eh quoi! ventrebleu! lui dit-il, c'est
vous; corbleu! notre ami? Touchez-là, mille
millions de couleuvrines!

— Seigneur Saint-Gaudens, je suis ravi
de vous retrouver, dit Belavoir en serrant
la main que lui tendait l'Ordinaire.

— Mille pestes! murmura celui-ci d'une
voix sourde, est-ce que vous avez envie de
voir écarteler un ancien ami, que vous me
donnez ce diable de nom que je n'ose plus
porter, car sa gloire me gêne? Sachez que

je m'appelle Isaac Salomon, ou Salomon Isaac, comme vous voudrez, je n'y tiens pas; mais tant y a-t-il qu'il est plus sain pour moi de porter aujourd'hui un nom de Moïse qu'un nom chrétien, mille tonnerres!

— Je n'en suis pas moins charmé de vous trouver, reprit Belavoir; car, avec votre permission, je vous avouerai que vous m'avez fait d'abord une horrible peur qui ne se serait pas dissipée à votre appel, si je ne vous avais pas connu.

— Oui, répondit le capitan avec ce sourire triste d'une jolie femme à laquelle on vante ses conquêtes perdues, oui, je me flatte au moins d'avoir conservé un physique assez redoutable. Je puis me présenter partout avec la certitude de faire reculer les plus hardis rien qu'en roulant les yeux; ventre saint Quenet! je ne crains personne que la justice ou plutôt l'injustice des rois.

— Où sont vos camarades? Savez-vous quel chemin ils ont pris?

— Mon ami, je vous répondrai qu'il ne fait pas bon causer ainsi de toutes ces petites choses dans un endroit comme celui-ci, où tant d'yeux et tant d'oreilles peuvent me mettre la corde au cou. Ce soir, si vous voulez venir dans la chambre que je compte occuper ici, car je ne suis arrivé que depuis une heure, je vous mettrai au fait, par la barbe du pape! Et vous en saurez aussi long que moi!

Belavoir avait accepté le rendez-vous et passait à d'autres propos, quand toute la compagnie entra dans la salle. On fut généralement surpris de voir Nicolas en conversation familière avec un homme d'une mine aussi incontestablement mauvaise. Blaisette même, qui était une personne toute de premier mouvement, s'écria :

— Ah! que ce monsieur est laid!

La Mothe-Baranne interrogea de l'œil Bélavoir, qui lui dit dans l'oreille :

— C'est un ancien avaleur de sabres retiré, un de mes vieux amis.

Carmen considéra curieusement cette figure énergique et basanée, et ne dit mot. Cependant, Saint-Gaudens, à l'exclamation de Blaisette, s'était levé, et s'approchant de la jeune bourgeoise en se balançant sur les hanches avec la grâce d'un ours méditant une bonne fortune, il s'écria :

— Ah! cadédis, mademoiselle, vous m'avez mal regardé! Mille millions de pistolets! il ne se peut pas qu'avec des yeux aussi jolis on ne sache pas apprécier un brave. Je renie mon salut éternel si, après un quart d'heure de conversation, vous ne me rendez plus de justice.

Voyant que cet homme si laid s'humanisait ainsi, Blaisette se mit à rire, et, avec cette humeur des enfans qui s'attachent avec un intérêt plus marqué à ce qui les a effrayés d'abord, elle accepta soudain les attentions du marchand. Il est bien entendu que Brillache non-seulement ne s'avisa pas d'y trouver à redire, mais qu'il évita même soigneusement toutes les occasions de s'approcher assez près du terrible inconnu pour pouvoir entendre ce qu'il disait à sa femme. Il se mit modestement parmi les laquais, et n'en bougea plus que lorsque monsieur de Belavoir, cédant à une fantaisie vaniteuse, se plut à appeler d'une voix éclatante :

— Brillache ! holà Brillache ! ne viendrez-vous pas quand je vous appelle ? Brillache ! Ce garçon est lent et paresseux !

La grande affaire de l'installation captivait, du reste, tellement tous les nouveaux arrivés, que l'on prit fort peu garde d'abord à ce qui se passait. Monseigneur était tout à madame Carmen ; il recevait ses ordres, et s'empressait de les communiquer, soit à La Mothe-Baranne, soit à Belavoir, soit aux laquais. Monseigneur avait remplacé l'amant congédié dans les fonctions d'écuyer intime. Bien qu'il regrettât fort les douceurs de son gouvernement de Melun, et tous les cosmétiques dont les ligueurs avaient dû s'emparer, monsieur de Tranchille trouvait quelque adoucissement à son infortune dans les services qu'il lui était permis de rendre à une dame telle que dona Carmen, à une dame qui appartenait à une aussi grande maison qu'elle le disait, et surtout qui était honorée de l'affection tendre d'un prince qui... Bref, monseigneur était devenu l'humble écuyer de la plus altière des senoras, et il faisait monter dans la plus belle chambre de l'auberge les deux seuls coffres qui restaient encore de tant de magnificences perdues et l'unique matelas qui servait au repos de la dame.

Tandis qu'il prenait ces soins, dont un regard affectueux le récompensait, La Mothe-Baranne s'acquittait d'une tâche moins brillante, mais beaucoup plus utile : il s'occupait des chevaux.

Barbette s'était mise devant le grand feu de la cuisine et faisait cuire la bouillie pour le malheureux enfant qui, depuis le début de cette histoire, est le jouet de tant d'aventures, et qui n'a pas encore la voix assez forte, ni surtout la parole assez intelligible pour réclamer l'intérêt qui lui serait si bien dû, pourtant. Cette bouillie, songez-y bien, lecteur sensible, et vous surtout lectrice, plus juste appréciatrice d'un pareil malheur, était la première que le déplorable enfant avait en perspective d'avaler depuis le jour où le bras furieux de Nicolas l'avait arraché de son berceau dans la maison de maître Guillaume Gorgebut, sise à Melun!!! Qu'elle lui soit légère! De quoi s'était-il donc nourri depuis tant de semaines? Il y aurait un livre à faire là-dessus. Mais laissons Barbette à sa pieuse et douce occupation. C'est une bonne petite nature de femme, nous le savons de longue main, et revenons sur le pas de la porte, s'il vous plaît.

Croiriez-vous bien que là, se promenant de long en large, tandis que tout le monde s'agite et se rend utile, Blaisette, la coupable Blaisette écoute les propos gracieux du marchand qu'elle vient de trouver si laid? C'est à ne pas le croire, et cependant cela est. Demandez plutôt à Belavoir, qui cherche à persuader à l'hôte de ne pas trop enfler la future dépense, et qui, d'un coin de l'œil scandalisé, considère, tout en argumentant, cette légèreté inouïe.

XLIII.

Saint-Gaudens est sollicité de continuer son métier.

Depuis que l'on avait quitté le fort de Saint-Bonaventure, Belavoir était devenu le chef véritable de la troupe, nos lecteurs ont dû s'en apercevoir. C'était lui qui conduisait, qui ordonnait les haltes et les départs, qui gourmandait les domestiques, qui morigénait Blaisette lorsqu'elle parlait trop, qui faisait de la morale à l'enamourée Barbette, qui cherchait à calmer les remords véhémens du capitaine François de La Mothe-Baranne, et qui, enfin, en roulant les yeux, avait le privilége de faire peur à dona Carmen, et de calmer par conséquent cet esprit altier et souvent furibond. Maître Nicolas était donc au comble du bonheur; son esprit un peu pédant avait toute satisfaction; il n'aurait eu rien à regretter, si de temps en temps, il n'avait pensé à son cher baron, à sa très-honorée demoiselle Charlotte, et s'il n'avait souhaité véhémentement de les revoir, et peut-être aussi d'étaler devant ces yeux amis le haut degré de puissance et d'honneur auquel il était parvenu. Il aurait bien donné un mois de sa vie, pour que, devant les deux jeunes gens qui l'avaient rencontré mourant de faim sur la route de

Melun, quelqu'un s'approchant vint lui dire, le bonnet à la main : Monsieur le cornette veut-il?...

A défaut d'une satisfaction si pure et si douce pour son cœur que de voir ses plus vrais amis témoins de sa haute fortune, il avait trouvé un pis-aller qui n'était pas sans mérite, c'était de dérouler sous les yeux de monsieur de Saint-Gaudens tous les événemens qui avaient contribué à faire de lui le personnage qu'il était, et nommément à le revêtir du costume somptueux qu'il portait avec une fierté dont Nicolas Belavoir était seul capable.

Pendant que, tout en donnant ses ordres çà et là avec l'air majestueux qu'il se piquait de savoir prendre à l'occasion, il roulait dans sa tête la pensée de l'entrevue nocturne qu'il allait avoir avec l'Ordinaire, il ne remarquait pas que l'hôtesse le considérait en dessous, d'un œil qui n'était pas très-bienveillant. La brave femme avait même trouvé si bizarre de le voir revenir avec la grande dame étrangère, et de lui voir connaître le vieux marchand suspect, qu'elle s'était permis de prêter l'oreille au colloque de Belavoir avec Saint-Gaudens, et les mots mystérieux qui avaient été prononcés avaient mis sa curiosité fortement en éveil. Elle ne crut pas que les affaires de ses hôtes dûssent rester sacrées devant ses inquiétudes.

— Je ne pense point, dit-elle à son mari qu'elle attira dans un coin de la cuisine, que nous ayons logé d'honnêtes gens.

— Je me soucie très-peu de leur honnêteté, répondit le gros hôtelier avec un rire sarcastique, et c'est la première fois de ta vie que je t'entends faire une réflexion de ce genre.

— Je suis devenue prudente, répondit

l'hôtesse, depuis que votre voisine Toury, qui tient l'auberge du *Grand-Cerf* à une lieue d'ici, a été pendue par les royaux pour avoir logé maître Crucé sans le savoir ; comme nous ne sommes pas très-loin des ligueurs, nous pourrions bien payer aussi cher l'avantage d'avoir logé des royaux.

L'aubergiste se gratta l'oreille et porta un regard désolé autour de lui :

— Dans quel temps vivons-nous ! s'écria-t-il d'une voix douloureuse, que l'on est obligé de scruter la conscience des gens qui viennent boire et manger chez vous ? j'ai vu le temps où catholiques et huguenots s'entendaient également dans leur respect pour les bouchons... Maintenant il n'y a plus rien de sacré !

— Tout ce que tu dis est fort bon, reprit l'hôtesse, mais je suis d'avis que, si nous découvrons quelque chose de suspect dans nos gens, nous n'en fassions pas la petite bouche, et que dès cette nuit nous fassions avertir le commandant des chevau-légers de la Ligue qui est à deux lieues d'ici, ou le capitaine royaliste qui est à une lieue et demie, mais avec de l'infanterie. De cette façon, personne ne pourra nous accuser de favoriser son ennemi. Surveille, surveille, mon homme! Quant à moi, je saurai cette nuit à quoi m'en tenir; quelques mots que j'ai saisis au passage m'ont mis au fait, et j'assisterai sans qu'on s'en doute à un conciliabule qui m'apprendra beaucoup de choses.

Tandis que la prudente hôtesse arrangeait ainsi avec son époux inquiet le moyen de mettre aussi complètement que possible sa responsabilité à couvert, doña Carmen, retirée dans une chambre avec Monseigneur, se laissait aller pleinement à toute la violence de son caractère. Depuis plusieurs jours, qu'elle était sans cesse entourée et observée, elle avait cédé à la crainte que lui inspirait Belavoir, et elle avait mis à profit ce temps de dissimulation pour arranger en son cœur des projets qui ne cadraient pas parfaitement avec les intentions de ses guides. Quand elle se trouva seule avec Monseigneur, elle s'empressa donc de passer de la théorie à la pratique, de la rêverie à l'action, et elle s'exprima ainsi :

— Depuis que je vous connais, monsieur de Tranchille, j'ai éprouvé cette satisfaction très-douce de me convaincre qu'il était encore sur cette terre des hommes d'honneur et de vrais chevaliers.

— Madame, répondit l'ancien gouverneur de Melun, je suis au septième ciel, s'il est vrai que vous me considériez d'un œil aussi favorable que vous le dites, et, dans tous les cas, il ne vous faut pas douter que mon épée et ma vie ne soient à vous, disposez de l'une et de l'autre à votre convenance. Si déjà l'affreux coupe-jarret, dont nous sommes quasiment les prisonniers, n'a pas encore succombé sous l'effort de mon bras, vous savez que ce n'est pas faute de bonne volonté de ma part.

— Je le sais, comte, répondit dona Carmen, mais ce n'est point votre vie que je réclame, il s'agit tout uniment de votre talent de négociateur.

— Quant à ce talent-là, répartit le comte, je le possède au plus haut degré. Je puis le dire sans gloriole, si vous m'employez, vous en verrez les effets.

— Vous me ravissez, répliqua la dame espagnole. Écoutez-moi donc. Avez-vous remarqué cet homme à l'œil tortu, au pourpoint sale, à la barbe inculte, qui nous a précédés dans cette auberge, et que moi, d'un seul coup-d'œil jeté en passant, je crois avoir bien jugé.

— Je l'ai remarqué; il a précisément la tournure que j'exigeais à Melun des vagabonds pour les envoyer à la geôle sans jugement.

— Je voudrais que vous prissiez bien votre temps pour aller lui parler de ma part sans être observé.

— De votre part? Je ne vous comprends pas.

— Je voudrais que cette nuit.... Vous n'êtes pas homme à me trahir?

— Sur ma tête et sur mon honneur, madame, s'écria le galant gouverneur, vous ne me connaissez pas.

— Eh bien! je voudrais que, cette nuit, il pût nous débarrasser du coupe-jarret qui est notre maître, du gentilhomme sans honneur qui nous a vendus à lui et de la bourgeoise insolente qui me vole mon enfant!

— Barbette? la pauvre petite Barbette? marmotta Monseigneur attéré. Voilà une commission bien...

— Vous répugne-t-elle? demanda madame d'un ton altier; ne la faites pas ; je trouverai parmi mes gens quelque dévouement subalterne plus complet.

— Vous me jugez mal, dit Monseigneur revenant à lui; mais le sort de cette pauvre enfant me touche, je l'avoue. D'ailleurs, permettez-moi de vous faire observer que si l'étranger à barbe est ce que vous le supposez être, il n'aura pas des sentimens assez délicats pour se charger gratis d'une pareille besogne, et malheureusement je me vois hors d'état... Je suis sorti de Melun si précipitamment.... Enfin, je n'ai pas trois ducatons dans mes poches.

— Voilà, dit dona Carmen d'un ton majestueux, deux cents écus d'or; c'est tout ce qui me reste, et je pense que cette somme suffira. En Espagne, pour le quart de cet argent, je me verrais maîtresse de la vie de toute une assemblée. Mais ici le peuple est vénal.

— Madame, répondit Monseigneur en pesant la bourse dans ses doigts avec distraction, tout ce que vous venez de dire est-il sérieux ?

— Comment, sérieux ? Je vous jure que je suis aussi sérieuse que mon discours et réciproquement. Faites ou ne faites pas; il dépend de vous de me plaire; mais je vous avertis que je n'ai recours à vous que pour vous en donner le moyen.

— Ah ! madame, murmura le baron, que

vous avez bien le secret de manier mon âme! que vous êtes une enchanteresse inimitable!

— Point de phrases! interrompit dona Carmen en frappant du pied; puis-je ou non compter sur vous?

— Je vous réponds, dit Monseigneur, en sortant de cette chambre et en emportant l'argent; c'est vous dire où je vais.

Monseigneur sortit donc. Mais je porte trop d'égards à la réputation de cet homme de bien pour laisser le lecteur dans le doute sur son compte. Monseigneur était-il vraiment capable de marchander l'assassinat de trois personnes, au gré d'une espagnole colère? La tendresse de son cœur qui allait augmentant d'une manière déplorable avec les années, pouvait-elle le conduire à de pareils excès? Oui, lecteur, Monseigneur était un homme passionné jusqu'à l'extrême; cependant, comme on va le voir, l'amour ne le rendait pas impitoyable tout-à-fait, et même dans ses plus grands égaremens, il n'oubliait pas d'une manière complète ce qu'il se devait à lui-même.

Au sortir de la chambre de dona Carmen, il se mit à chercher son homme, et il le trouva derrière la maison, dans une espèce de réduit, qui, en été, devait faire tonnelle, attablé devant une bouteille de médiocre Vendômois, et s'efforçant ainsi de faire couler les heures qui restaient jusqu'à la nuit. Monseigneur, avant de commencer avec ce pendart un entretien sérieux, s'assura que tout le monde était occupé. Il aperçut dans la cour Belavoir, causant avec les deux filles de l'auberge ; par une fenêtre, il vit le seigneur de La Mothe-Baranne qui se tenait devant le feu, la tête dans ses mains, plongé dans la méditation ; les deux jolies bourgeoises promenaient l'enfant devant la maison, sur la route, et babillaient; tous les domestiques étaient occupés qui à l'écurie, pansant les chevaux, qui à la cuisine, surveillant les broches et préparant le souper. Monseigneur entra sous la tonnelle et s'assit devant le buveur. Puis il commença la conversation à voix basse.

— Monsieur, dit-il, un brave comme vous doit toujours avoir besoin d'argent?

— Corbleu!... toujours, en effet! répondit Saint-Gaudens étonné.

— Monsieur, je viens vous offrir deux cents écus d'or.

— Peste! vous êtes honnête homme, et j'accepte avec plaisir. Donnez... Vous ferais-je un billet?

Saint-Gaudens tendit la main. Monseigneur, en fin diplomate, faisait sonner les pièces dans sa poche, mais ne les tirait pas.

— Monsieur, dit-il, ce n'est pas contre

votre signature que je prétends les échanger, c'est contre un service.

— Un service? je suis l'homme le plus serviable de France, ventrebleu! Quel est-il ce service?

— Ma foi, il s'agirait....

— Je vous vois venir, interrompit le cavalier gascon avec un sourire. Je me connais, je connais mon air, mon encolure, et lorsqu'on vient, d'un air mystérieux comme vous le faites, réclamer mes bons offices, je sais que, sans être tailleur, on vient me supplier de faire quelques boutonnières à de vieux pourpoints. N'est-ce pas cela?

— Vous avez l'esprit juste, fin et subtil, répondit Monseigneur, et vous mettez le doigt sur la question. Eh bien donc! que me répondez-vous?

— Eh bien! je serai franc. Je n'ai jusqu'ici, mon cher monsieur, fait de ces sortes d'affaires que dans une sphère très-élevée. Je puis me considérer, sans vanité, comme n'ayant opéré qu'en très-grand; mais, par ma foi! les temps sont si durs, les hommes si ingrats, ma position est devenue si délicate, et, pour trancher le mot, j'ai tant besoin d'argent, qu'il me faut faire de nécessité vertu, et mettre mon épée au service des intérêts privés. Du reste, j'agirai grandement avec vous, comme c'est mon habitude. Vous m'avez offert deux cents écus? Je les accepte sans marchander, et mon épée est à vous, pâquesdiable! Maintenant, dites-moi de quoi il s'agit.

— Voyez-vous ce grand gentilhomme qui est là assis près du foyer, la tête dans ses mains?

— Bon! vous voulez que j'aille le défier?

A merveille! J'y cours. La besogne est facile ; dans une demi-heure, il sera juste à point pour être mis en terre ; rapportez-vous-en à moi.

— Vous allez vîte en besogne, et je vous en félicite ; mais ce n'est pas tout.

— Comment! ce n'est pas tout? répartit Saint-Gaudens un peu étonné ; me prenez-vous pour un garçon boucher? Que vous faut-il encore?

— Il me faudrait cette petite bourgeoise qui tient l'enfant et qui se promène devant la porte, puis cet homme qui cause avec ces deux filles et qui les fait rire.

Saint-Gaudens étendit son bras par dessus la table, ouvrit sa large main et prit Monseigneur à la gorge ; je regrette de le dire, il le prit à la gorge.

— Tu es donc le Vieux de la Montagne? lui cria-t-il dans l'oreille. Tu crois que pour deux cents misérables écus, je vais te faire une pareille capilotade? Inestimable grigou, tu viens me tenter avec ton argent au fond de ma misère, et tu t'imagines que tu auras raison de moi? Non, cinq cent mille millions de coquins? Il ne sera pas dit qu'un homme tel que moi aura égorgetté une petite poulette et un brave garçon pour complaire à un drôle peint, repeint, retapé et frisé comme un vrai chien caniche! Ne te débats pas, vieux sot, ou je t'étrangle tout-à-fait!

Monseigneur étouffait à demi, et quand Saint-Gaudens l'eut lâché, il resta quelques secondes avant de revenir à lui tout-à-fait. Quand il eut repris connaissance, il se leva furieux et mit la main à son épée; mais le Gascon l'arrêta!

— Allons! par les os du diable! pas de bruit, dit le terrible Saint-Gaudens, crois-tu que j'irai gratis défoncer une vieille carcasse comme la tienne? Point! ce serait me déshonorer à jamais. D'ailleurs, j'ai besoin d'argent; tu m'as offert deux cents écus d'or, je les ai acceptés. Entre gentilshommes comme nous, une parole est une parole, et comme nous ne marchandons pas, je te débarrasserai de l'homme qui se chauffe et tu ne me parleras plus de rien.

Monseigneur était indigné.

— Malotru! s'écria-t-il, il ne peut y avoir rien de commun entre nous; tu me laisseras aller, nous nous battrons, tu m'assassineras, si tu peux, mais je ne te donnerai pas un liard, sois-en certain!

— Nous nous fâchons! demanda Saint-Gaudens en roulant les yeux. Vous voulez m'insulter? Vous m'avez appelé, je crois, malotru? ceci est une affaire d'honneur.

Il se leva et mit le poing sur sa hanche, et prit une pose solennelle.

— Faquin! marmotta Monseigneur en tirant son épée hors du fourreau.

Saint-Gaudens porta la main à la sienne, et, avec un sourire de mépris, attendit pour la tirer et pour se mettre en garde.

Dans ce moment, de derrière le mur, contre lequel la tonnelle était adossée, une femme sortit.

— Que signifie cela, monsieur de Tranchille? dit dona Carmen. Vous vous querellez avec cet honorable hidalgo, au lieu de vous entendre avec lui? Je vous demande pardon pour monsieur le comte, monsieur, mais il est habituellement d'humeur bouillante, et sait mal les égards qui sont dûs à des gentilshommes tels que vous.

À la vue de dona Carmen, Saint-Gaudens avait ôté le bonnet qui couvrait sa tête. L'aspect de cette belle et imposante personne fit visiblement une grande impression sur lui; son langage solennel convenait à la nature méridionale et hâbleuse du cavalier gascon. Il prit donc une attitude de fierté soumise; c'était le lion enchaîné par une bergère.

Dona Carmen, d'un coup-d'œil, vit son triomphe sur l'homme de guerre.

— Monsieur, lui dit-elle, n'y aurait-il pas moyen de nous entendre?

— Si vraiment, madame, il y a moyen, dit Saint-Gaudens; avec une personne telle que vous, un gentilhomme s'entend toujours. Je tuerai l'homme qui se chauffe.

— Et le cornette Belavoir?

— Il faudra vous adresser à quelqu'autre, répondit l'Ordinaire. Belavoir est mon ami.

— Il n'y a pas à en revenir?

— Toute discussion est inutile, parfaitement inutile.

— Allons, monsieur, je me soumets. Mais la femme?

— Je ne tue jamais de femme!

— Monsieur, c'est un service si grand que vous me rendriez! Vous ne savez pas de quoi il s'agit pour moi. Son enfant est à moi et je voudrais le ravoir! Si elle vit, je ne peux le lui reprendre sans qu'elle aille clabauder contre moi. Je vous en supplie, monsieur!...

— Madame, je vous demande pardon; je vous rendrai bon compte de l'homme qui se chauffe. Quant au reste, n'en parlons plus. Mais voilà l'aubergiste qui veut me parler. Rompons la conférence!

— Ah! monsieur, s'écria dona Carmen, j'espère que vous serez discret?

— Comme la tombe. Seriez-vous assez bonne pour commander à ce vieux gentilhomme de m'avancer un à-compte sur les deux cents écus d'or?

— Monsieur, avec un homme tel que vous, on ne marchande pas. Comte, donnez la bourse à monsieur.

— Madame, ventre-mahon, vous êtes la perle de votre sexe, et je vous suis dévoué corps et âme, Belavoir et les petites bourgeoises exceptées.

L'aubergiste approchait, Dona Carmen et le comte se retirèrent, celle-ci à demi-satisfaite, mais cependant ne songeant pas sans plaisir à sa prochaine vengeance de ce qu'elle appelait la trahison de La Mothe-Baranne, et monseigneur très-désagréablement affecté des manières brutales dont Saint-Gaudens avait usé à son égard, et se tâtant encore le cou pour en calmer les douleurs.

Cependant l'aubergiste, un peu effrayé, un peu intimidé, s'avançait vers Saint-Gaudens, qui s'était remis sur son banc, et qui s'était versé un nouveau verre de vin,

Comme l'hôtelier prudent cherchait ses phrases et ne parlait pas, le voyageur qui se doutait de ce que le digne homme roulait dans sa cervelle, sourit et entama l'entretien.

— Je gage, dit-il, que je sais ce qui t'amène?

— Ah ! monsieur, dit le pauvre diable, vons me voyez bien disposé à vous servir. Je voulais seulement vous demander si vous allez rester long-temps ici?

— Je ne te cache pas, mon enfant, répondit Saint-Gaudens, en allongeant ses grandes jambes sous la table, que lorsque je suis entré dans ta bicoque, j'avais seulement l'intention d'y boire chopine et de m'en aller, mais j'ai changé d'avis, et suivant toute vraisemblance, il faudra que tu me prépares une chambre, j'entends une belle chambre.

— Mais, monsieur, dit l'aubergiste, c'est que cette société qui est arrivée tantôt est bien nombreuse, et qu'il ne me reste pas grand' place.

— Il faut en trouver, mon ami; il faut que, pour cette nuit, tu ailles coucher, si besoin en est, à l'écurie avec ta femme et tes filles. Tout bon aubergiste est coutumier du fait, aimant mieux louer son lit que de manquer le gain d'un denier. Vous êtes gens qui louez au prochain votre chemise, si le prochain veut la louer. Hé bien ! tu restes là planté? Que te faut-il encore? J'espère que tu es content, marouffle? Je t'ai dit mes intentions. Il me semble que tu rumines quelque chose ?

En effet, l'aubergiste ruminait quelque chose, mais chaque fois qu'il ouvrait la bouche pour parler, il rencontrait le terrible œil de Saint-Gaudens, et la voix lui restait au gosier.

L'Ordinaire eut pitié de lui.

— Je vois, lui dit-il en riant, ce qui te tourmente ; tu as peur que je n'aie pas assez pour payer mon écot et qu'au moment de partir, je ne solde le compte en gourmades ; tu te trompes, mon enfant ! Tiens, laisse-moi le temps de fouiller dans ma poche ! Voilà justement que j'y trouve un bel écu d'or nouvellement frappé à l'effigie du roi Henri IIIe ; ligueur, royal ou huguenot, tout homme aime le portrait de son Roi. Je t'offre cet exemplaire ! Tends ton bonnet ! Houp !... Et bien qu'il y ait dans cette pièce de quoi payer ma dépense de huit jours et que je compte partir demain avant l'aurore, je te tiens quitte de m'apporter la monnaie.

— Monsieur, dit l'aubergiste, je vous mettrai dans la chambre bleue, c'est la plus belle de la maison avec celle qu'occupe la grande dame qui vient d'arriver.

— Admirable ! A propos, dis-moi, mon ami, où vas-tu loger ce gentilhomme que je vois là assis auprès du feu ?

— Monsieur, précisément au-dessus de vous, vous n'auriez que l'escalier à monter, si par hasard vous vouliez lui parler.

— Cela se pourra faire. Et l'autre cavalier qui est si bien vêtu ? Où le logera-t-on ?

— Monsieur, de l'autre côté de la maison, dans la chambre correspondante.

— Et les petites bourgeoises !

— Monsieur, dans ce petit cabinet, ici, à côté de la cuisine.

— C'est bon, en voilà assez, tout ce que je t'en dis, ce n'est que pour causer et te montrer que je ne suis pas un monstre. Envoie-moi une seconde bouteille et du meilleur.

Quand l'aubergiste tout joyeux eut remis sur sa tête son bonnet de coton, eut fait entrer dans sa poche l'écu d'or, et se fut éloigné, Saint-Gaudens leva les yeux au ciel d'un air de componction.

— Par tous les diables ! se dit-il, la jolie nuit qui se prépare et que je vais y avoir d'occupation ! Et la jolie matinée que j'aurai ensuite ! Ma foi, le Roi m'a rendu un service en me forçant de m'échapper de Blois ! J'ai rencontré la fortune !

XLIV.

Tous les bonheurs n'étaient pas épuisés pour Nicolas, et Saint-Gaudens n'est pas homme à manquer de parole.

La nuit arriva. On se mit à souper. Suivant l'usage du temps, chacun prit place à table. Dona Carmen et le seigneur de La Mothe-Barahne étaient au haut bout, séparés par monseigneur de Tranchille; à la droite de la dame, en sa qualité de vainqueur et de bienfaiteur, paradait le **cornette** Belavoir, étincelant de bonne santé, **ayant** l'œil grave et la mine pédante, le tout recouvert d'un vernis de profonde satisfaction, puis venaient les deux bourgeoises ; à côté de Blaisette, maître Saint-Gaudens qui lui lançait des regards poignans ; puis, de l'autre côté de la table, l'hôte, sa femme, ses deux filles, puis Brillache qui, un peu rassuré, s'était promis de manger beaucoup, puis tous les domestiques. Le souper était servi sur la table tout entier ; quand un des convives demandait quelque chose, un des valets se levait, puis revenait s'asseoir. Voilà comme on soupa patriarchalement.

Tout le monde, hormis la plèbe, **ayant** quelque chose à cacher, était naturellement porté au silence. La Mothe-Baranne, le seul qui ne tramât pas quelque petit projet pour la nuit, était absorbé dans ses tristes pensées ordinaires; il mangeait à peine, ne levait pas les yeux, et semblait tout à fait étranger à ce qui se passait autour de lui. L'hôtesse, qui observait tout avec soin, le considérait en elle-même comme le plus parfait sournois de toute cette bande qui lui était déjà si suspecte; et en cela, elle se trompait; mais, d'un autre côté, sa perspicacité n'était pas en défaut lorsqu'elle surprenait des regards d'intelligence entre Saint-Gaudens et Belavoir, entre dona Carmen et Saint-Gaudens, entre Saint-Gaudens et la petite Blaisette. Il n'y avait que Brillache qui ne donnait pas prise à ce qu'on surprît de sa part des regards d'intelligence. Pauvre Brillache! il se tenait parole et mangeait bien.

Après le temps raisonnable donné au souper, personne ne mit opposition à ce que le besoin de repos fût universellement proclamé. Des flambeaux furent distribués par les domestiques de l'auberge, et chacun ayant pris le sien, et articulé le mot sacramentel *bonsoir*, avec plus ou moins de grâce, se retira de son côté. Au bout d'une petite demi-heure, le plus profond silence régnait dans toute la maison. Il n'y avait plus de lumière que dans la chambre de l'aubergiste. C'était un bon petit trou placé au bas de l'escalier, vitré de tous les côtés, et défendu contre les regards indiscrets par une simple toile de serge verte. Une vraie niche de surveillant.

Mons l'hôtelier, toujours coiffé de son inséparable bonnet de coton, était déjà enseveli dans ses couvertures; madame son épouse, après avoir terminé une toilette de nuit moins élégante que commode, était assise sur le pied du lit et attendait.

— Je crois, dit à voix basse le seigneur du logis, qu'il est temps de te mettre en route.

— Je le pense aussi, répondit la matrone. Aujourd'hui je laisserai babiller Toinon et Madelon autant qu'elles en auront envie; je suis trop curieuse de savoir ce que c'est que tout ce monde que nous logeons. Bon ! j'entends du bruit du côté de la chambre du cornette !

— Effectivement, répondit l'aubergiste, qui s'était soulevé sur le coude; on a ouvert la porte... j'ai envie d'aller avec toi.

— Garde-t'en bien, tu fais trop de bruit avec ton pas de gros gendarme; laisse-moi aller seule, je te raconterai tout sans manquer un mot. Dors et tâche de ronfler, pour que ceux qui voudront faire les malins soient plus sûrs que tu n'es pas aux écoutes.

— Ah ! quant à ce qui est de ronfler, j'ai toujours entendu dire qu'on n'en était pas maître; mais dormir, c'est ce que je fais déjà. Bonsoir ?

L'hôtesse souffla la chandelle et ouvrit sans bruit la porte. Elle entendit à l'étage supérieur qu'on marchait doucement. Elle se cacha derrière la rampe massive, et levant le nez en l'air, elle aperçut très-bien monsieur le cornette Belavoir qui, sa lumière dans la main gauche, protégeant la flamme de la main droite, et dans le plus simple appareil, se rendait d'un pas précautionneux à l'appartement du vieux marchand.

— Que veux dire cela? pensa l'hôtesse.

Elle vit Belavoir entrer chez le suspect des suspects, et aussitôt elle se hissa adroitement et sans bruit au haut de l'escalier. On n'avait pas encore eu le temps, dans la chambre surveillée, d'échanger deux paroles, que la vieille femme était déjà aux écoutes.

Saint-Gaudens ne vit pas entrer Belavoir avec un plaisir parfait.

— Ma foi, mon ami, lui dit-il, la peste m'étouffe si je ne vous avais pas un peu oublié. Je crois que nous avons agi légèrement ce matin, en nous donnant rendez-vous à cette heure-ci. N'êtes-vous pas fatigué? n'avons-nous pas, corbleu! une abominable envie de dormir? Pour moi, vous le voyez, mon cher enfant, je bâille comme une gueule de four!

— Cela va se dissiper, répondit Belavoir, avec ce flegme et cette assurance qu'il avait acquis depuis ses grands succès; je suis trop heureux de vous retrouver pour vous laisser passer sur mon chemin sans échanger avec vous un mot de confidence. Je n'ai pas oublié, je n'oublierai jamais que vous m'avez sauvé la vie, ainsi qu'à monsieur le baron, et rien n'égale mon estime pour vous. Du reste, il est de bonne heure encore, à peine neuf heures; pourvu que je vous quitte à onze heures, il vous restera assez de temps pour le sommeil.

Saint-Gaudens resta un instant à examiner si, en effet, le calcul de Belavoir était juste, et il s'écria enfin :

— Vous avez raison, cornes du diable! j'ai plus de temps qu'il ne m'en faut. Mettez-vous là et racontez-moi vos aventures. Ne m'a-t-on pas dit que vous étiez cornette? La plaisanterie est bonne! Par la sambleu! je vous ai laissé homme de marotte, et je vous retrouve homme d'épée? Expliquez-moi un peu cette métamorphose! C'est fort plaisant!

— Ce n'est pas plaisant le moins du monde, répondit gravement Belavoir ; j'ai acquis mon grade de cornette par mes exploits, et je vais vous les raconter.

— Volontiers, interrompit Saint-Gaudens; mais pourquoi diable faire des exploits quand vous étiez si bien à la cour, vous le fils de Sibilot?

On se souvient que, pendant que nos deux amis s'entretiennent ainsi, l'hôtesse écoute avec la plus scrupuleuse attention, l'oreille collée à la serrure. A ces mots : « *Vous, le fils de Sibilot,* » elle resta comme frappée de stupeur; et qui eût pu la voir dans l'obscurité aurait été frappé de sa pâleur et de son émotion subite. Elle chancela, et, pour ne pas tomber avec bruit, elle fut obligée de se mettre à genoux sur le carreau; du reste, elle tint sa tête collée contre la porte, et écouta avec plus d'attention encore, s'il se peut, qu'elle ne l'avait fait jusque là.

Belavoir, prenant son récit par la queue,

comme il arrive souvent, narra d'abord ses étonnans exploits devant Orléans. — Le terrible Saint-Gaudens eut grand' peine à contenir les éclats de rire de sa robuste voix. Belavoir, tout en rendant une justice peut-être trop complète à ses mérites guerriers, ne dissimulait pas assez la vérité pour qu'il ne fût pas facile de s'apercevoir que la fortune l'avait servi non moins bien que sa valeur dans la grande réputation qu'il s'était acquise, et à laquelle il était le premier à rendre un pieux hommage. C'est parce qu'il sentait lui-même toute la beauté de son caractère, toute l'élévation de son mérite, qu'il trouva facile de raconter ses déboires à la cour, et de peindre en traits rapides, mais non sans amertume, le caractère de l'homme célèbre dont il était le fils.

— Oui, mon cher Saint-Gaudens, s'écria-t-il d'un ton pathétique, cette cour de France n'est pas digne des esprits vraiment élevés! On n'y trouve qu'ingratitude et perfidie et le caractère paternel lui-même ne peut y garder sa dignité et sa douceur.

Comme Belavoir finissait sa tirade, la porte s'ouvrit brusquement, si brusquement que les deux interlocuteurs en tressaillirent, et tout-à-coup maître Nicolas se vit dans les bras d'une vieille femme qui le serrait par le cou et l'embrassait énergiquement en lui criant : Mon fils! mon fils! quel bonheur de te retrouver!

Maître Nicolas, qui d'abord ne sentit pas agir en lui la force du sang, fit des efforts désespérés pour s'arracher des bras qui le tenaient, mais il n'y réussit pas assez tôt pour n'avoir pas eu le temps d'être convaincu que la femme qui l'étranglait, toute vieille et toute décrépite qu'elle fût, avait quelque droit à le faire, puisqu'elle lui avait donné le jour.

— Quoi! vous êtes ma mère? s'écria-t-il enfin, lorsqu'il put se tenir à distance et que ses yeux purent parcourir le visage de la vieille femme. Quoi! vous êtes cette belle Jacqueline, si chère à mon père Sibilot, et qu'il a abandonnée en s'enfuyant? Ma foi, Madame l'hôtesse, je vous avoue que je ne l'aurais jamais cru, et que j'ai peine à le croire encore?

— Ah! mon ami, ah! mon fils! ne considère pas les années qui ont pesé sur ma tête et qui m'ont bien changée. Ne vois que ma tendresse! Ton père est un...

— N'insistons pas sur ce qu'il est, interrompit Belavoir d'un air grave. Il a eu des torts envers moi, comme envers vous; pardonnons-lui.

— D'autant plus, s'écria Saint-Gaudens,

que, vous non plus, ma bonne, vous n'êtes pas exempte de tous reproches. Que diable! vous écoutez aux portes? Par la ventrebleu, sorcière infernale, je ne sais ce qui me tient de vous faire sauter par la fenêtre.

— Un moment, dit Nicolas, vous parlez là trop vertement, notre ami. Cette vénérable dame est ma mère, à ce qu'il paraît, et je lui dois respect, d'autant plus que de l'aveu de mon père, lui-même, elle s'est montrée un peu plus occupée de moi que M. Sibilot ne l'avait fait.

— Oui, mon pauvre enfant, s'écria l'hôtesse, j'ai long-temps couru après toi, j'ai dépensé le peu d'argent qui me restait pour te faire retrouver. Quand, n'osant retourner chez mon père, je pris le parti d'accepter les hommages du maître de l'auberge chez lequel Sibilot m'avait laissée, et qui est mon époux, je m'occupais encore de toi et je finis, après bien des années, par découvrir tes traces chez des sauteurs ambulans, mais tu t'étais enfui. Enfin, mon ami, j'écrivis à ton père....

— Je le sais; et comme vous me paraissez bonne femme, et puisque vous êtes ma mère, je vous respecte et vous assure de mon affection. Mais, si je puis vous parler avec franchise....

— Oh! oui, mon ami! s'écria la vieille femme les larmes aux yeux; dis-moi tout ce que tu voudras! Je te trouve brave, je te trouve charmant! Et tu es cornette? Est-il bien vrai, bon Dieu! que j'aie un fils officier?

— Oui, ma mère, répondit Belavoir avec un geste protecteur; mais ne vous montez pas la tête. Je dois vous l'avouer; je n'aime pas beaucoup les parens, et bien que plein de respect pour eux, je m'étonne que ceux qui n'en ont pas se donnent tant de peine pour en trouver. Voyez! mon père, l'illustre monsieur Sibilot, m'a bien dégrisé sur le compte des parentés.

— Je le crois aisément! s'écria l'hôtesse, monsieur ton père est un vilain, un lâche, un pied plat....

— Personne n'est parfait, interrompit Nicolas, et vous-même vous êtes plus qu'indiscrète. Ce n'est pas sur les défauts des auteurs de mes jours que je veux m'étendre. Laissons ce triste sujet, ce que je veux vous dire, c'est que j'ai renoncé au goût de la vie de famille, et qu'il ne faut pas penser à me tenir auprès de vous.

— Permettez-moi de dire mon mot, s'écria Saint-Gaudens, vous voilà, mon cher ami, plongé dans les joies d'une reconnaissance, morbleu, bien intéressante. Vous en avez pour long-temps à causer et à raconter à la vieille dame, et de vous à moi, il n'y a plus grand sujet à traiter. D'autre côté, voilà qu'il se fait tard; seriez-vous assez bon pour me laisser dormir; en prenant soin toutefois que madame votre mère ne vienne pas savoir la couleur de mes rêves?

— Soyez sans inquiétude, répondit Belavoir en serrant la main de l'Ordinaire. Dormez en paix; personne ne vous troublera; et vous, ma chère mère, allez devant et venez dans ma chambre où nous pourrons nous entretenir sans crainte d'être interrompus.

— Viens, mon cher fils, dit l'hôtesse en embrassant de nouveau Belavoir avec effusion. Viens! nous parlerons de mon mari, de tes sœurs et de toi-même, et tu verras que la vieille Jacqueline peut encore faire quelque chose pour son premier-né.

— Heureux Belavoir! murmura Saint-Gaudens, il va palper l'argent du beau-père.

Quand la bonne femme et son fils eurent disparu et que le cavalier eut entendu de loin le bruit de la porte de Belavoir qui se fermait, il prit son épée qui était d'une belle taille, et l'ayant tirée du fourreau, il en essaya le tranchant et la pointe, opération qui fut terminée par un sourire qui disait clairement : Le bon acier! la fine trempe! la bonne arme! Puis, après ces réflexions de dilettante, un froncement de sourcil marqua que Saint-Gaudens songeait à son affaire.

Il ne réfléchit pas long-temps. Il ôta ses bottes, et nu-pieds, sans lumière, il monta l'escalier. Arrivé à la porte du seigneur de La Mothe-Baranne, il chercha quelque temps la clef.

— Si elle n'est pas dans la serrure, pensa-t-il, nous allons avoir un colloque et des explications ennuyeuses.

Mais au même instant, il trouva sous sa main la malheureuse clef. Il entra.

La Mothe-Baranne n'était pas couché. Il était à genoux devant une chaise et un missel dans les mains; il priait à voix basse. Sa chandelle était placée à terre. Il avait ôté son pourpoint et sa chemise, et sur le parquet était jetée une discipline dont il venait de se servir, car son corps paraissait marbré de coups, il avait les regards très-brillans, le visage fort animé et semblait presque en extase. Saint-Gaudens referma la porte après être entré, et comme La Mothe-Baranne, toujours à genoux, tournait la tête de son côté, sans interrompre sa prière, le capitaine gascon lui fit signe de continuer et se mit à genoux derrière lui. Alors le seigneur François reprit ses dévotions, priant tantôt tout bas, tantôt à demi-voix. De temps en temps, il ramassait sa discipline et se flagellait avec ardeur; alors Saint-Gaudens se frappait la poitrine, faisant des soupirs et disant d'uue voix sourde et les yeux au ciel *meá culpá*, *meá culpá*. Tout ceci dura bien un gros quart d'heure. Enfin, le seigneur François poussa un profond soupir et récita tout haut cette formule : *Et in secula seculorum!*

— Amen ! répondit Saint-Gaudens.

Les deux gentilshommes firent le signe de la croix en même temps et se relevèrent. François remit son pourpoint en silence, puis, quand il fut rhabillé, il se tourna vers Saint-Gaudens d'un air de hauteur et lui dit :

— Qu'y a-t-il pour votre service, monsieur ?

Saint-Gaudens salua, puis, se relevant de toute sa hauteur, il mit son poing sur sa hanche et laissa tomber ces paroles :

— Monsieur, une dame pourvue de rares qualités se trouve avoir à former des plaintes contre vous. Je dois vous déclarer que je ne connais point le motif de ces plaintes, et que j'aime à le croire mal fondé. Cependant une dame se plaint; vous comprenez que cela doit suffire à un cavalier, et avec regret je viens, monsieur, me mettre à vos ordres.

— C'est bien, monsieur; mais quand voulez-vous que nous nous battions?

— Monsieur, le lieu me semble parfaitement convenable. Nous sommes au-dessus de mon propre appartement, et le peu de bruit que nous pourrons faire ne sera ainsi entendu de personne.

— Quoi! monsieur, nous battre sans témoins! mais c'est un guet-apens! Du reste, peu m'importe. Battons-nous, monsieur. J'aime autant en finir avec la vie plus tôt que plus tard, et puisque l'ingrate... cette dame, veux-je dire, me fait assassiner, je n'y contredis pas, car aussi bien je ne peux me dégager de son souvenir.

— Vous parlez en sage, monsieur, dit Saint-Gaudens avec gravité. D'après ce que je viens de voir en entrant, j'ai conçu pour vous la plus haute estime, et tout me dit que j'ai l'honneur de me battre avec un saint, honneur rare, monsieur! Aussi, suis-je bien aise d'avoir suivi mon inspiration naturelle en vous offrant le combat au lieu d'agir envers vous d'une manière plus sommaire, comme on me l'avait demandé.

La Mothe-Baranne ne répondit pas, mais il alla chercher sa rapière, et telle était l'estime que Saint-Gaudens avait conçue pour lui en le voyant si dévot, qu'il ne voulut jamais consentir à commencer avant d'avoir mesuré les deux épées.

— Ma foi, lui dit-il, monsieur, je ne vous connaissais que de réputation; mais la fièvre m'étrangle si vous n'avez pas d'abominables ennemis! Je vous tiens pour le plus grand homme de bien qui existe, et l'on vous fait passer pour huguenot! Il faut, dans tous les cas, que vous soyez bien changé, et si j'ai le malheur de vous tuer, comme je m'y suis engagé, je ne fais nul doute de l'endroit où votre âme va aller tout droit. Vous plairait-il vous mettre en garde?

La Mothe-Baranne soupira, puis mit la main dans la garde en coquille de sa rapière et engagea le fer avec son ennemi courtois. Les deux combattants ferraillèrent pendant quelques minutes; la lutte fut longue; ils étaient adroits et expérimentés tous les deux. Saint-Gaudens reçut enfin un coup de pointe assez léger au haut de l'épaule, mais ce fut au moment où sa lame entrait jusqu'à la garde dans la poitrine du seigneur François.

Le bruit du corps, qui tomba sur le plancher, ne fut pas sans être entendu, comme on le verra. Aussitôt que Saint-Gaudens vit son adversaire sur le carreau, il sortit de la chambre, descendit l'escalier, et d'un coup d'épaule enfonça la porte des bourgeoises.

— Blaisette! madame Blaisette! dit-il à demi-voix.

— Qu'est cela? dit Barbette se réveillant en sursaut; on nous appelle, voisine. Je meurs de peur!

— Et moi aussi, je meurs de peur, répondit Blaisette en se jetant hors du lit, où elle s'était couchée toute habillée, par caprice, disait-elle.

— Où allez-vous donc, Blaisette? demanda Barbette.

— Me cacher dans un coin, répondit Blaisette, j'ai trop peur.

— Revenez, je vous en conjure. Je frissonne dans mon lit; il me semble que j'entends marcher.

— Vous vous trompez, répondit Blaisette, vous vous trompez certainement.

Blaisette répondait ainsi, mais, je ne sais pourquoi, sa voix s'affaiblissait et avait l'air de s'éloigner. Barbette sentit redoubler son émotion; elle s'enveloppa dans ses couvertures et n'osa ni souffler, ni appeler, ni s'endormir.

Cependant, au moment où Blaisette et Saint-Gaudens qui la tenait par la taille, arrivèrent dans la cuisine, ils entendirent qu'on parlait haut dans les étages supérieurs.

— Ventre Dieu! dit le cavalier d'une voix basse mais rapide, vous m'avez donné rendez-vous dans cette cuisine, ma poulette, et je vous en remercie ; mais, savez-vous de quoi il retourne maintenant ?

— Ah ! mon Dieu ! de quoi ?

— La chose est simple, mille tonnerres ! Je viens là haut de tuer un homme ! On découvre tout le pot aux roses dans ce moment, et toute la maison va être sens dessus dessous avant qu'il soit cinq minutes. Nous n'avons pas le temps de causer ici ; nous ferons l'amour plus loin beaucoup mieux.

— Ah ! monsieur, laissez-moi aller.

— Non ! non ! tendre amie ! Par la Garonne ! Vous me plaisez, je vous tiens, je vous emporte ! Venez ça à mon cou comme une petite fille.

Saint-Gaudens joignait le geste aux paroles ; c'était une espèce de géant ; il prit Blaisette par la taille, et la pendit à son cou, puis il s'achemina bon pas vers les écuries. Un cri se fit entendre dans la maison.

— Sot que je suis, tout cela est de ma faute, se dit tout haut Saint-Gaudens, j'ai laissé la porte du seigneur François entr'ouverte, et nous aurons mis la lumière sur la table pour y mieux voir. Ne criez pas, ma chère petite mignonne, sans quoi vous me feriez prendre, et vous aussi. Allons, courage, voilà l'écurie.

Ce fut l'affaire d'un grand coup de pied pour faire sauter la porte. Saint-Gaudens ne laissa pas de tenir Blaisette à son cou; elle avait peur, elle n'osait pas crier; puis elle ne s'ennuyait pas et admirait fort ce vigoureux compère. Le cheval de Saint-Gaudens était tout prêt; il ne l'avait pas fait desseller. Un second cri se fit entendre, puis, bientôt un troisième. Une lumière commença à parcourir l'hôtellerie.

— Allons, dit Saint-Gaudens, tenez-vous

bien à l'arçon. Mon cheval est excellent. Tenez-vous bien. En route !

Il lança son cheval au galop et partit. Le tumulte grandissait dans la maison. C'était Belavoir qui, en descendant avec sa mère pour aller parler à ses sœurs du mariage de Briscambille, avait vu la lumière et s'étant approché de la fente de la porte, avait découvert l'affreux spectacle de François de La Mothe-Baranne noyé dans son sang. Ses cris avaient appelé l'hôtesse, dont les clameurs réveillèrent bientôt toute la maison ; chacun accourut, hors Barbette qui frémissait de terreur dans son lit, et Brillache qui, n'étant pas curieux, jugea prudent de rester dans le sien.

Dans la chambre, autour du mourant dont Belavoir tenait la tête sur ses genoux, tout le monde se pressait. Dona Carmen était aux pieds du seigneur François et le regardait.

— Qui vous a assassiné, monsieur? dit Belavoir.

Les yeux du blessé se fixèrent sur ceux de l'Espagnole. Nicolas s'écria :

— Monsieur l'aubergiste, fermez toutes les portes et envoyez un messager chercher la justice à la ville la plus voisine! Que personne ne sorte! les assassins sont ici, et je le jure par tout ce qu'il y a de plus sacré, ils seront punis!

— Le seront-ils? demanda dona Carmen avec un sourire provoquant. Voilà bien du bruit pour un accident sans importance? Le seigneur François était querelleur, il se sera pris de dispute et il en aura été puni!

— Où est l'étranger? demanda subitement Belavoir comme frappé d'une nouvelle pensée.

— Il vient de s'enfuir à cheval avec la dame Brillache en croupe, dit un des valets de dona Carmen ; je les ai vus au clair de lune par la fenêtre. Mais je vous avertis, monsieur, que la maison est entourée de cavaliers portant l'écharpe blanche.

— Ah! s'écria dona Carmen d'un air de triomphe, qu'on les laisse entrer, je suis maintenant la maîtresse ici! gare aux insolens! Comte de Tranchille, allez dire aux Navarrais que je suis ici!

— Tout cela tourne bien mal, pensa Belavoir, je vais avoir une mauvaise affaire comme ligueur.

XLV.

Le jeune baron Louis passe une nuit au bivouac et contemple un grand prince, puis il devient le plus heureux des hommes.

Nous nous sommes attachés long-temps à suivre la fortune de maître Nicolas Belavoir, et ce ne fut pas mal fait, car, après tout, c'est de lui principalement que doit s'occuper cette véridique histoire. Toutefois, il serait mal séant de ne pas nous informer aussi de son jeune compagnon, de son élève, le baron Louis de La Mothe-Baranne, qui, tandis que son ancien gouverneur est exposé à tant de fortunes diverses, n'éprouve pas non plus que la destinée le mette en oubli. D'ailleurs, en ce temps-là, je veux dire aux mois de janvier et de février 1589, peu de gens pouvaient se dire à eux-mêmes que le sort les négligeait et les laissait pourrir dans l'inaction. L'agitation était si vive et si générale qu'il n'était même pas de petit bourgeois dont la vie ordinaire ne fût changée. (Je pense involontairement à notre pauvre Brillache!) Enfin, tous les hommes de ce temps semblaient être renfermés dans une manivelle tournée par un diable enragé qui les secouait, les tournait, les virait, et les forçait de vivre au moins autant la tête en bas et les pieds en l'air que dans la posture naturelle, qui est l'attitude contraire, comme sait chacun.

J'ai besoin de rappeler que c'est dans une galerie du château de Blois que notre aimable maître Nicolas a fait de si mélancoliques adieux à l'archer des ordonnances. Le fou en survivance voyait alors l'humanité et les choses de la vie sous un jour bien triste! Il en a rappelé depuis. Le jeune baron, espérant que l'humeur sombre de son gouverneur se dissiperait d'elle-même, et, d'ailleurs, complètement absorbé dans l'importante commission que lui donnait le seigneur de Rambouillet, était à peine à cheval pour aller courir après M. de Rosny, qu'il ne pensait plus à Belavoir, et que, la tête occupée du désir de bien remplir son office, il ne voyait plus sur la terre que la dépêche dont il était chargé et tout ce qui s'y rapportait.

Malgré la nuit fort avancée, il maintint son cheval au grand trot. Les ombres des arbres et des buissons figuraient quelquefois sur la route des groupes d'hommes arrêtés et attendant le passage du jeune soldat. Nous devons avouer qu'il n'était pas sans quelque souci, et on le lui pardonnera; car de perdre sa vie, c'était beaucoup; de perdre sa dépêche, c'eût été plus encore; il se serait regardé comme déshonoré. Et pourtant rien n'était plus possible qu'une telle catastrophe. Les partis de ligueurs couraient la campagne et certainement devaient être empressés d'arrêter tous les courriers allant de l'armée du Roi à celle des huguenots.

Ainsi préoccupé, mais toujours courant, le jeune homme regardait partout et à tout, et en cas de malheur, tenait prête son arquebuse, décidé à faire une résistance héroïque. Heureusement pour lui, il arriva à la maison où avait eu lieu la conférence entre le seigneur de Rambouillet et M. de Rosny, sans avoir fait une seule rencontre, ni bonne ni mauvaise. Il descendit de cheval, frappa à la porte; un paysan vint lui ouvrir.

— Les gentilshommes qui étaient ici, il y a quelques heures, que sont-ils devenus, mon ami !

— Monseigneur l'archer, ils sont partis. Ils n'ont laissé que ce respectable capitaine que vous voyez là !

— Où, là?

— Ici ! dit le paysan.

La Mothe-Baranne se baissa et vit, en effet, sous la table, le sieur de la Crapaudière qui, ayant enfin lâché sa pinte et sa Bible, dormait d'un sommeil de bienheureux.

— D'après ce que je vois, reprit le baron, si ces messieurs sont partis, ils ne doivent pas être bien loin, car ils ne laisseraient pas ainsi un de leurs compagnons derrière eux.

— Vous ne vous trompez pas, répondit le paysan; à moins de cinquante pas de cette maison, vous pourrez trouver un poste de huguenots.

— Merci, mon ami, dit Louis.

Il sortit de la chaumière et remonta à cheval; puis il s'achemina au petit pas du côté que lui avait indiqué le paysan. A peine avait-il fait vingt pas qu'il entendit une voix farouche qui lui criait:

— Qui vive!

— Holà, soldat! dit La Mothe-Baranne, appelez votre caporal, pour que je lui parle; je suis parlementaire.

— Caporal! Le caporal ronfle comme

une toupie! Oh! caporal, voilà un parlementaire.

— Le diable l'étouffe! marmotta le caporal en se levant de la botte de foin sur laquelle il était couché derrière un buisson; voilà deux nuits que je n'ai pu fermer l'œil pendant deux heures de suite. Un homme ne peut tenir à ce métier.

— Caporal, le parlementaire s'impatiente!

— Tire-lui dessus, imbécile! Mais non, me voilà prêt; je ne trouvais plus ma pertuisane qui était roulée dans l'herbe. Vous autres, hé! Landerneau et Palu, debout, allons reconnaître! Croisez hallebarde, en avant, marche! Monsieur, serviteur, qu'est-ce qu'il vous faut?

— Vous m'avez fait attendre long-temps! Je suis archer de l'ordonnance du Roi et chargé d'une commission pour M. de Rosny.

Je demande que vous me fassiez conduire chez ce seigneur.

— Impossible, monsieur, je suis ici de grand'garde. Nous avons reçu une alerte de ligueurs, il y a une heure à peine... Tenez! regardez là, voyez-vous ce que la lune fait briller? c'est la cuirasse d'un de nos hommes qu'ils nous ont tué. Il m'est défendu de quitter mon poste, ni de laisser passer personne; je vous engage à attendre ici le jour qui viendra dans une heure au plus tard.

— Ce n'est guère amusant, s'écria La Mothe-Baranne; ma mission est d'une nature délicate, et je ne saurais m'en acquitter trop tôt.

— Moi, ma consigne est d'une nature bien plus délicate encore, car si j'y manque, je suis sûr d'avoir le cou serré de façon à perdre la respiration et à ne plus la retrouver. Comprenez-vous?

— Parfaitement.

— Alors, tenez-vous en repos, mon officier, et venez partager ma botte de foin.

— Caporal, vous êtes un brave homme, montrez-moi le chemin.

Le caporal et l'archer regagnèrent ensemble le revers de la haie et se couchèrent sur le lit rustique et militaire qui était à leur disposition. Les soldats, qui s'étaient levés pour aller reconnaître La Mothe-Baranne, remirent leurs armes dans les faisceaux et s'étendirent sur le sol. Bientôt le baron les entendit ronfler d'une manière non moins vigoureuse que le caporal qui était reparti tout d'abord pour le pays des rêves.

D'avance résolu à ne point dormir, Louis s'imagina que, malgré son extrême fatigue, il pouvait se tenir parole à lui même. Il essaya, pour s'occuper, de reconnaître la force des postes dont il était entouré, mais l'obscurité ne le lui permit pas. Il était dans une espèce de fourré, très-couvert d'arbres, et ce n'était que par instans que la lune lui laissait voir deux ou trois faisceaux de mousquets et de hallebardes. Il entendait à quelques pas la marche régulière des sentinelles. Bientôt sa pensée commença à être moins nette; il se mit à divaguer sur Rambouillet, sur le Roi, sur les Ordinaires; il pensa à Barbette; à sa sœur Charlotte, à Belavoir. Il croyait veiller; il était sûr de veiller, et il dormait déjà, et dormait si bien, qu'une heure après environ, il n'entendit pas dans le lointain le bruit des tambours, le son des trompettes qui annonçaient la Diane; il lui fallut quelque chose de plus positif pour le réveiller. Ce fut le cri : Aux armes! aux armes! poussé par les sentinelles.

Il se frotta les yeux, et il vit une vingtaine

de lansquenets qui se levaient de l'herbe dans laquelle ils étaient couchés et qui sautaient sur les faisceaux pour les briser et prendre leurs armes. Le caporal était debout et rangeait ses hommes. Le soleil paraissait déjà sur l'horizon. C'était un jour d'hiver, mais un beau jour, et le désordre guerrier n'était pas sans charmes. La Mothe-Baranne fut bien vite sur son cheval et il se plaça à côté du caporal devant la troupe rangée en bataille, ne sachant pas encore de quoi il s'agissait, et s'attendant aussi bien à une attaque subite qu'à tout autre événement moins grave. Bientôt il fut au fait. Le galop de plusieurs chevaux se fit entendre, et quatre cavaliers parurent devant la petite troupe d'infanterie. Parmi ces cavaliers se trouvaient M. de Rosny et le sarcastique d'Aubigné, mais ce n'était pas eux qui marchaient en tête.

En tête était un cavalier, de taille moyenne, de forte carrure, la tête attachée aux épaules d'un peu près, la figure enluminée, les yeux vifs, l'air guerrier et de bonne humeur. Louis ne l'avait jamais vu. Cependant il avait pris assez de renseignemens à la cour, assez juré avec ses camarades pour connaître un peu son monde, de sorte qu'il se dit en lui-même :

— C'est le roi de Navarre !

Il ne se trompait pas ; ce cavalier était réellement Henri de Bourbon. Pourtant son costume n'avait rien de royal. Son pourpoint de buffle était couvert d'une cuirasse d'acier assez médiocrement luisante et sans nul ornement, sans aucune dorure. Il avait des chausses à la Suisse en velours feuille morte et très-notablement usées ; ses grandes bottes de cuir fauve étaient couvertes de poussière, et son épée seule était damasquinée à la poignée avec quelque luxe. Du reste, comme la magnificence est surtout grande par comparaison, il nous faut avouer que le roi de Navarre était somptueusement vêtu, si nous jetons les yeux sur le costume de ses officiers; car il avait de plus qu'eux une plume blanche sur son casque et un manteau d'écarlate. Du reste, il portait, comme eux, l'écharpe.

Henri jeta d'abord les yeux sur le jeune cavalier, qui, aussitôt qu'il avait reconnu le roi, s'était empressé de mettre pied à terre. Il dit quelques mots à M. de Rosny, qui lui répondit tout bas, et qui, s'avançant ensuite vers le baron, lui dit :

— N'étiez-vous pas hier à la suite de M. de Rambouillet?

— Oui, monsieur, répondit Louis.

— Tiens! s'écria d'Aubigné, c'est mon ami La Mothe-Baranne.

— La Mothe-Baranne? dites-vous? interrompit le Roi ; est-ce qu'il serait parent de mon brave écuyer?

— C'est son cousin, répondit messire Agrippa en fronçant le sourcil, mais je le crois plus honnête homme et incapable de faire les métiers auxquels l'autre a fait sa fortune à cette cour-ci.

Le roi de Navarre rougit légèrement, mais bientôt sourit et frappant sur l'épaule de d'Aubigné :

— Méchant philosophe, lui dit-il, j'espère que tu n'écriras pas de moi quelque jour, que je n'aime que les flatteurs. Mais laissons cela, mon petit ami, que nous voulez-vous.

— Sire, j'apporte une dépêche pour M. de Rosny ou pour M. d'Aubigné ; car je suis chargé de la remettre indifféremment à l'un ou à l'autre et puisque les voilà tous deux...

— Quoique les voilà tous deux, dit le Roi en tendant la main, ils permettront que je lise ce que mon ami Rambouillet leur écrit. Allons, messieurs, approchez-vous ! Pour éviter les jalousies, lisez avec moi par dessus mes épaules, Rosny à droite, d'Aubigné à gauche.

Quand la lecture fut achevée :

— Que pensez-vous de la proposition ? demanda le Roi.

— Je pense qu'il faut accepter, répondit Rosny.

— Bah ! dit d'Aubigné, nous allons nous faire assassiner. Je pense à ce pauvre M. Le Grand et à son coup de dague dans l'œil.

— Et moi, dit le Béarnais, je suis de l'avis de Rosny, il faut accepter. Jamais plus belle circonstance ne se présentera de montrer ma loyauté et de faire mes affaires. Vous avez ce qu'il faut pour écrire, d'Aubigné?

— Toujours, sire! mon écritoire ne me quitte pas plus que mon épée.

— Oui, dit le Roi en riant, quand vous ne piquez pas de l'acier, vous aimez à distiller du noir. Écrivez dans le sens que je vous dis, c'est-à-dire que j'accepte.

D'Aubigné prit un portefeuille et sur l'arçon de sa selle se mit à écrire. La lettre terminée, il la donna à La Mothe-Baranne.

— Ne la perds pas, lui dit-il avec un sourire narquois; tu es bien jeune pour de pareilles commissions; mais il paraît que les royaux, après avoir fait faire leurs affaires par les ruffians, veulent maintenant employer les enfans pour rentrer dans l'état d'innocence.

— Empêchez d'Aubigné de rendre ce jeune homme apoplectique, dit le Roi en riant, voyez comme il le fait rougir! Calme-toi, mon ami, et fais bien ton devoir.

— Il le fera, dit d'Aubigné; je le connais, c'est un bon petit diable, et ce que je remarquais n'était pas à son endroit. Allons, décampe, mon ami! et montre que tu sais faire courir ton cheval; cela pourra te servir pour te tirer de peine à la première bataille que tu verras!

Louis s'empressa de prendre la lettre que lui tendait le maudit railleur, et, saluant respectueusement le roi de Navarre, il remonta à cheval et partit grand train. Il était de fort mauvaise humeur d'avoir été aussi mal mené devant un prince illustre; il avait cru s'être fait un ami de d'Aubigné, et il le retrouvait aussi acharné à se moquer de lui que la première fois qu'il l'avait vu. Tout en se fâchant, il s'en allait, et de loin messire Agrippa faisait admirer au Roi combien ses calculs étaient justes.

— Voyez, disait-il, sire; si je lui avais fait des complimens, à ce petit homme, il aurait voulu les savourer, il aurait mis son cheval au pas; car le plaisir entraîne nécessairement la mollesse, soit dit sans vous offenser. Au contraire, je lui ai poussé quelques sarcasmes; il a le sang fouetté, il marche! il marche très-bien!

— Il paraît que tu veux employer ton système sur moi? s'écria Henri.

— Vos affaires n'en iraient pas plus mal; dit le seigneur d'Aubigné.

— Allons, interrompit le roi, tu voudras toujours avoir le dernier mot, maître têtu, et nous avons mieux à faire qu'à nous taquiner. Continuons de visiter les postes.

Il est inutile de raconter le voyage de

Louis à son retour. Il fut aussi heureux qu'avait été l'allée. L'archer s'empressa de faire demander M. de Rambouillet, et il eut l'honneur d'être admis en présence de ce seigneur, qui était dans son cabinet, dictant à un secrétaire, et qui, au moment où il entra, courut au-devant de lui.

— Vous voilà revenu bientôt? lui dit-il. N'avez-vous pas trouvé nos gens?

— Au contraire, répondit Louis avec assurance, je les ai vus l'un et l'autre, M. d'Aubigné comme M. de Rosny; mais j'ai vu mieux que cela encore.

— Ah! je vous comprends. Vous avez parlé au roi de Navarre?

— Je lui ai remis ma dépêche. Voici la réponse.

Rambouillet lut rapidement.

— Il faut que j'aille auprès du Roi, s'écria-t-il. Je n'ai pas une minute à perdre.

Vous, cependant, disposez de votre temps comme il vous plaira, mais n'oubliez point que j'ai besoin de vous parler et qu'à mon premier moment de liberté, je vous ferai demander; ainsi ne vous éloignez pas du château.

Louis n'avait garde. Il courut d'abord demander des nouvelles de Belavoir. Personne ne put lui en donner. Monsieur Sibilot, interrogé, daigna à peine répondre à un simple archer et finit par faire entendre que sa qualité de père ne lui permettait pas de dire tout ce qu'il pensait.

— Vous aimez mon fils? s'écria-t-il, à ce titre vous devez m'être cher! Mais je vous confesse que toute ma tendresse paternelle ne peut complètement m'aveugler sur la conduite d'un malheureux qui, comblé de mes bienfaits, m'a honteusement fait rougir au déclin de ma carrière! Ah! ce Belavoir est un fils bien indigne de moi, bien dénué d'esprit, de tact, de talent, de goût! bien ingrat surtout! J'ai passé une partie de ma vie à chercher mon fils! Qu'on est aveugle quand on est père! ce que vous pouvez faire de mieux, c'est de ne me parler jamais de ce pauvre garçon. Quant à savoir ce qu'il est devenu, je l'ignore et ne désire pas sortir de cet heureux état; si vous l'apprenez jamais, ne m'en dites rien, ma sensibilité en souffrirait trop!

Louis n'ayant pu en tirer autre chose, laissa M. Sibilot, qui n'avait d'autre pensée que d'asseoir son bien-être, au milieu des événemens qui se pressaient autour de lui. Il rencontra Briscambille; le pauvre fou était fort triste.

— Monsieur le baron, dit-il, la France est perdue; elle a fait une perte qu'elle ne réparera jamais, ni moi non plus. La reine

Cathérine est morte! Elle seule était capable de tirer l'État de la malheureuse passe dans laquelle nous le voyons. Sans elle, je ne sais pas ce que je puis faire à la cour. C'était, monsieur, une forte tête, une femme d'un grand sens, et dont j'avais tort de me moquer. Son fou était très-heureux, il s'en aperçoit aujourd'hui ; la France et moi, moi et la France, nous avons tout perdu !

— Je suis désolé, mon pauvre Briscambille, de vous voir dans cet embarras, dit Louis; mais vous savez que nous sommes amis, vous m'avez servi dans la mauvaise fortune ; maintenant, si je le peux, je suis prêt à vous rendre la pareille. Que puis-je pour vous?

— Vous pouvez, dit le fou en secouant la tête avec mélancolie, me faire donner une place dans une compagnie de porte-mousquets, et cela ne m'agrée pas. Non, monsieur le baron, il faut être raisonnable, quand on ne peut faire mieux. Je vais quitter la cour ; c'est bien jeune renoncer à la vie publique, aux grandes occupations, aux plaisirs, me direz-vous. Hélas ! je ne le sais que trop ; mais il faut faire de nécessité vertu. Je ne suis pas tout-à-fait sans ressources, j'ai même amassé quelque bien. Tel que vous me voyez, je vais aller me faire seigneur terrier, et avec ma chère Madelon, me retirer dans mon domaine, cultiver mes choux et juger mes vassaux.

— Vous êtes bien heureux, dit Louis en soupirant, d'épouser votre Madelon !

— Vous trouvez ? Au fait, c'est ce que je me dis en soupirant ; je suis bien heureux d'épouser ma chère, mon adorable Madelon. Mais quoi ? je l'aurais épousée dans un an, deux ans, trois ans, même, que je n'en eusse été plus heureux ! C'est une chose bien dure que de renoncer à la cour, monsieur le baron, et le fameux Dioclétien, m'a-t-on dit, était, au bout de six mois, aussi ennuyé de ses laitues que l'empereur Charles-Quint l'a été depuis de son froc et de ses horloges.

— Quand pensez-vous partir? demanda Louis.

— Mais aujourd'hui, demain ou après-demain; aussitôt que je serai bien sûr qu'il n'y a pas moyen de me raccrocher à quelque emploi de cour, fût-ce à celui de marmiton, je réunis mes hardes, mes pistoles, mes biens, en un mot, et je vole où l'amour et le bonheur m'appellent.

Un laquais salua le baron.

— Monsieur, monseigneur de Rambouillet vous fait demander.

— Approchez, mon ami, lui cria ce seigneur, quand Louis rentra dans son cabinet.

Vous avez été un messager de bonnes nouvelles; suivant l'usage antique, vous devez en être récompensé. M. d'Ornano a une vacance dans sa compagnie, et je vous annonce avec plaisir qu'il vous prend pour son guidon.

Louis salua. Il crut voir le ciel ouvert, les séraphins jouant de la harpe, du théorbe, du rébec, et les chérubins chantant avec enthousiasme sur un air de pas redoublé : Monsieur le baron est fait guidon!

— Allez, dit M. de Rambouillet, vous présenter à votre nouveau capitaine. Il aime les braves et les gens d'esprit. Demain, le roi de Navarre, après de longues années d'absence, arrive à la cour. Les deux armées unies comme les deux Rois vont marcher contre les rebelles ligueurs; j'espère que vous vous conduirez bien sur le champ de bataille.

— De mon mieux, Monsieur, s'écria Louis enthousiasmé, et puissé-je périr mille fois pour le service de Sa Majesté !

— Bien, jeune homme, conservez ce beau rôle ; du reste, il ne tardera pas à être mis à l'épreuve, car demain soir, je crois que vous entrerez en campagne avec vos gens.

— Rien ne manque donc à mon bonheur, dit Louis, si ce n'est une occasion de vous prouver, Monsieur, que je sais tout ce que je vous dois.

Rambouillet lui fit un signe d'adieu amical, et Louis sortit.

En descendant le grand escalier avec la fierté qui convenait à un guidon de la compagnie d'Ornano, il se disait :

— Je voudrais que Barbette et Charlotte me pussent voir, sacrebleu ! Et Nicolas aussi ! Il me semble que j'ai vingt-cinq pieds de haut !

XLVI.

Monsieur le nouveau guidon entre en campagne. Fin déplorable d'une ancienne connaissance à nous.

Les Mémoires du temps ont enregistré avec soin tous les détails de l'entrevue des deux Rois, Henri III et Henri de Navarre, auprès de Tours, qui eut lieu quelque temps après ce qui a été raconté dans le précédent chapitre. Ce fut, de tous les événemens de cette époque agitée, celui qui eut les plus grandes conséquences. Depuis tant d'années que le monarque régnant était séparé de cœur et d'intérêt avec son successeur légitime, il semblait que la couronne de France fût un héritage mis en question; et en même temps que les princes de la maison de Guise se permettaient d'y songer pour eux-mêmes, le roi d'Espagne, le duc de Lorraine, jusqu'à M. de Savoie, y avaient aussi des prétentions. La réconciliation des deux princes français était le premier coup porté à une situation aussi étrange et aussi funeste pour le royaume, et bien que le baron eut pris à cette négociation assez laborieuse précisément la même part que la petite poste prend aujourd'hui au succès des affaires pour lesquelles elle distribue des lettres, il ne laissa pas que de se féliciter jusqu'à la vieillesse la plus reculée du bonheur qu'il avait eu de jouer son rôle dans une si grave affaire. D'ailleurs, il eut sujet aussi d'être content de la manière dont ses maîtres le récompensèrent.

Nous avons vu qu'il avait été fait guidon dans la compagnie de M. d'Ornano. A dater de ce moment, il fut officiellement reconnu pour un des *domestiques* de M. de Rambouillet, comme on disait dans ce temps là, et il fut admis dans l'intimité de ce seigneur qui jouissait d'un grand crédit. De Blois, il suivit le Roi à Tours, puis il fut employé dans la campagne qui s'ouvrit. Ce fut à la tête de sa troupe qu'il arriva un jour, avec la partie de l'armée où il était, devant un château qu'il reconnut aussitôt qu'il en aperçut les tourelles.

Bien qu'il fut grandement changé depuis deux mois, que les événemens auxquels il avait assisté, que le grade dont il était revêtu, et que la guerre qu'il avait faite lui eussent donné sur toutes choses des notions un peu plus mûries qu'il n'en possédait au moment de sa fuite, il ne put s'empêcher de ressentir un frisson désagréable en apercevant le manoir devant lequel il se trouvait. On comprendra sans peine cette émotion, lorsque j'aurai dit que c'était la demeure du seigneur de Cornisse.

Cependant, il s'avançait toujours, suivi d'un cavalier, et à quelque distance du fossé il pensa que c'était peu le moment de s'abandonner à la rêverie.

— Holà! sergent, dit-il, faites reconnaître ce château par quatre hommes. Je vous soutiendrai avec le reste de ma troupe.

— Monsieur, dit le sergent, je viens de voir filer sur la gauche quelques gaillards qui m'ont l'air mal intentionnés et qui gagnent les murailles à toutes jambes.

Puisqu'ils se sont laissés voir, il ne faut pas les suivre ; car il est clair qu'ils veulent nous attirer en quelqu'embuscade. Faites cependant filer quelques hommes de ce côté pour nous éclairer, et exécutez le mouvement que je vous ai dit.

Voilà comme parla le jeune baron. Que te semble, lecteur, de ce langage? N'avait-il pas fait quelques progrès, le petit élève de Belavoir, depuis le jour où nous l'avons trouvé sur la grande route avec sa sœur, faisant l'école buissonnière? Le voilà devenu capitaine, et capitaine expérimenté. Son expérience, du reste, faillit ne pas aller bien loin ; car, presqu'au même moment où il venait de donner ses ordres à son sergent, quelques mousquetades partirent à gauche, et jetèrent à bas le soldat qui le suivait.

— Serrez les rangs! s'écria le jeune officier en mettant la main à ses pistolets, et en faisant tourner son cheval. En avant contre ces drôles!

Il ne commandait pas à des mercenaires ni à des étrangers rêtres ou Suisses, coutumiers d'abandonner leurs chefs au moment dangereux. Ses soldats étaient de bons petits gentilshommes, créés et mis au monde pour se faire tuer au service, et qui exécutèrent son commandement avec autant de bonne grâce et de vivacité que s'il les eût engagés à danser une chaconne ou une bourrée. Toute la troupe courut dans le taillis, comme un seul homme, et déchargea ses pistolets sur un gros de fantassins qui parut sur la lisière. La mêlée ne fut pas longue. De part et d'autre, on perdit deux ou trois soldats, on eut quatre ou cinq blessés, et les ligueurs prirent la fuite, protégés par le bois, où les gendarmes ne pouvaient songer à les poursuivre.

Quand la victoire fut bien constatée, le baron s'empressa d'interroger un prisonnier que venait de faire le sergent. C'était un homme d'une cinquantaine d'années, fort bien armé, mais de mine peu militaire.

— Savez-vous, monsieur, lui dit Louis, que je vais vous faire pendre pour m'avoir attaqué en traître?

— Vous pouvez sans doute me faire ce que vous voudrez, répondit le captif sans forfanterie, mais avec assez d'aplomb. Pourtant je vous ferai observer, monsieur l'officier, que nous n'avons rien fait qui ne soit conforme aux lois de la Guerre.

— Quel est votre nom?

— Je m'appelle Eustache Maillot, et suis lieutenant-général au baillage de Melun.

— Ah! ah! Je vous garderai prisonnier et vous enverrai à M. de Rambouillet; il aura quelque plaisir à vous voir, car vous êtes en réputation du plus entêté ligueur.

— Monsieur, je suis bon catholique, ennemi mortel des huguenots et serviteur des saints martyrs de Blois.

— Je vous conseille, dit Louis en riant, de ne pas parler sur ce ton quand vous arriverez à la cour. Votre zèle et votre piété pourraient fort bien être pris en mauvaise part. Maintenant, monsieur, pourriez-vous me dire si ce château que je vois est occupé par vos gens?

— Oui, monsieur, il l'est.

— La garnison est-elle forte?

— Je ne peux pas répondre à cette question.

— Elle est sans doute formée de ligueurs venus de Melun?

— Oui, monsieur, et d'Espagnols commandés par le fameux don Pedro Garpentino, de la Rocca-Sinistra.

— Je ne le connais point.

— Vous ferez sa connaissance.

— Et lui la mienne. Monsieur le lieutenant-général criminel, quoique ligueur et prisonnier, je vous prie de ne pas être insolent. Comment se fait-il que le seigneur de Cornisse, qui passait pour un peu hérétique, ait prêté son château à la Ligue?

— Qu'il l'ait prêté ou qu'on le lui ait pris, la chose ne revient-elle pas au même?

— Je comprends. On a mis garnison dans le manoir malgré le maître. Ma foi, monsieur, vous n'êtes pas tellement aimable que je trouve un grand plaisir dans votre conversation. Je vais donc vous remettre aux bons soins de ce cavalier que voici, qui, pour être borgne, n'en est pas moins fort vigilant, et qui ne vous laissera pas échapper. Je n'ai pas besoin de vous dire que, si vous faisiez quelque tentative de fuite, on se verrait contraint de vous envoyer une arquebusade pour vous rattrapper.

— Monsieur, dit maître Eustache, je suis homme considérable, et je vous demande de me mettre à rançon. Indiquez votre prix.

— Avant tout, monsieur, il faut que vous paraissiez devant le seigneur de Rambouillet. S'il ne juge pas à propos de vous retenir pour le bien du Roi, je veux bien vous avouer que je ne vous relâcherai pas, moi, à moins de mille écus. Vous faites la grimace? Vous avez tort; je vous témoigne l'estime que je fais de vous.

— C'est bien, monsieur, répartit le magistrat-guerrier écumant de colère ; rira bien qui rira le dernier.

— Ne vous fâchez pas! s'écria Louis; j'ai encore une question à vous faire. Connaissez-vous un bourgeois de Melun nommé Guillaume Gorgebut?

— Si je connais le capitaine Guillaume Gorgebut? Oui, monsieur, je le connais, et vous allez le connaître aussi, je vous en réponds. Il est dans le château, monsieur; il y commande, et ce n'est pas pour rien que monseigneur de Mayenne vient de lui donner des lettres de noblesse!

— Quoi! Gorgebut est là! s'écria Louis avec un élan de joie. Quelle fortune! quelle chance inespérée! L'homme avec lequel je désire le plus me couper la gorge! Qu'on emmène le prisonnier, et en avant, messieurs! Il faut que, de façon ou d'autre, nous enlevions ce château!

— Cependant, monsieur, fit observer le sergent, quand le prisonnier fut loin, nous ne pouvons perdre notre temps devant une bicoque. Permettez-moi de vous dire que nous avons été envoyés pour reconnaître le pays et non pour faire des siéges. Si on nous résiste, il faudra passer outre.

— On ne pourra résister, mon cher Florimond, répondit La Mothe-Baranne, je connais la maison; il faudrait que depuis deux mois on l'eût bien étrangement changée pour qu'elle ne dût pas se rendre à la première sommation. Du reste, entre nous, je vous dirai que j'ai un intérêt très-particulier à entrer en vainqueur dans ce château, et à y prendre des personnages qui sont mes ennemis personnels.

— Puisqu'il en est ainsi, dit Florimond, je vous comprends, et ainsi donc je pars en avant avec mes hommes.

Louis s'occupa encore quelques instans à remettre de l'ordre dans sa troupe, que le combat avait un peu échauffée, puis, d'un pas prudent, il suivit son avant-garde, et au bout d'une demi-heure de marche il arriva à une douzaine de toises du revers du fossé. Là, il ordonna à une partie de sa troupe de mettre pied à terre, tandis que le reste garderait les chevaux.

— Hé bien, dit-il à Florimond qui, comme lui, avait laissé son cheval à tenir à un de ses cavaliers. Tenons conseil. Ne convient-il pas de faire sommer ces gens par mon trompette?

— C'est ainsi qu'on en agit le plus souvent, répondit Florimond. Faisons cette politesse à ces ligueurs, nous n'en serons que plus autorisés à les traiter à notre guise s'ils ne se rendent pas tout d'abord.

Il appela le trompette et lui donna ses instructions avec soin. Ce brave militaire remonta aussitôt à cheval et s'avança en cavalcadant vers la porte. Disons tout du premier coup que la place était misérable. Le fossé était comblé d'un côté, le pont-levis était tellement rouillé et endommagé qu'on n'avait pas pu le lever et qu'il suffisait d'une livre de poudre bien employée pour faire sauter les portes.

Le trompette prit son instrument et sonna un appel d'une manière qui faisait honneur à l'éducation musicale donnée dans la compagnie de M. d'Ornano. Personne ne répondit, aucune tête ne se montra; mais le trompette entendit qu'on se disputait et qu'on se culbutait à l'intérieur. Il réitéra son appel.

Alors au-dessus de la porte, par la petite croisée qui, à notre connaissance, a déjà été employée une fois, parut une tête coiffée d'un de ces morions de fer à larges bords, tels qu'en portent les fantassins de ce temps-là dans tous les tableaux.

— Que voulez-vous, demanda cette tête d'un air rébarbatif.

Le trompette prit une voix et une pose officielles. Il mit son poing gauche sur sa cuisse, appuya le pavillon de sa trompette sur son genou droit, et s'écria :

— Moi, Jean Poly, trompette de la compagnie de M. Alphonse d'Ornano, au nom de M. le baron Louis de La Mothe-Baranne, guidon de ladite compagnie, je vous somme tous tant que vous êtes de personnes enfermées dans ce château, soldats, bourgeois, paysans, domestiques, femmes, enfans, et toutes personnes de quelque qualité ou condition que ce soit, de remettre ledit château entre les mains dudit monsieur le guidon, ensemble les vivres, armes, munitions de guerre, meubles et ustensiles qu'il peut contenir; et ce, sous peine, en cas de désobéissance, de vous voir traiter par ledit monsieur le guidon, une fois qu'il sera maître dudit château nonobstant ladite désobéissance, comme rebelles, traîtres et violant toutes les lois de la guerre qui prohibent, défendent et empêchent l'occupation de places non tenables. En foi de quoi, je fais ce nouvel appel, attendant votre réponse.

Le trompette sonna de nouveau, et qu'on ne soit pas étonné de le voir si éloquent; il avait répété peut-être deux cents fois dans sa vie cette même formule.

A peine avait-il fini de sonner que la tête lui dit :

— Va-t'en au diable! Nous ne nous rendrons pas! Et bien plutôt que de nous rendre, nous...

Le trompette avait les yeux fixés sur

l'orateur, et il attendait la suite quand, à sa grande surprise, l'orateur disparut subitement et une autre figure se présenta. Celle-là était brune et basanée, elle cria :

— Nous nous rendons !

Mais ce nouvel orateur n'en dit pas plus; car il fut évincé aussitôt par une nouvelle figure grosse et rougeaude, qui cria :

— Nous ne nous rendrons jamais !

— Mettez-vous d'accord, dit le trompette Jean Poly avec sang-froid.

Plusieurs têtes se mouvèrent à la lucarne, se contredisant l'une l'autre, le bruit et le tapage redoublaient au-dedans. Le trompette attendait avec patience, enfin la lucarne se referma avec bruit, et voyant qu'il n'y avait pas moyen de tirer de la garnison une réponse précise et positive, le plénipotentiaire guerrier se décida à en référer à ses supérieurs.

Voici ce qui se passait dans l'intérieur du château de Cornisse. On se souvient que dona Carmen de Sylva avait pris le parti de quitter cet asile avec toute sa suite, à la nouvelle qu'il était menacé d'une attaque par les ligueurs de Melun. L'attaque avait eu lieu le lendemain; le vieux seigneur de Cornisse avait été arrêté, enfermé dans le donjon de son propre manoir, et le capitaine Gorgebut avait jugé à propos de se constituer gouverneur du lieu. Là il s'était installé avec une partie de sa compagnie bourgeoise, et il avait recruté dans le pays tous les mauvais sujets, tous les garnemens, tous les sacripans qui, dans les guerres d'alors, formaient d'ordinaire la force des armées de tous les partis. Il avait été rejoint par l'escorte de dona Carmen, qui avait besoin d'une place de refuge et d'une position régulière pour jouir à son aise du butin

qu'elle avait enlevé à la dame espagnole.
Don Pedro Garpentino, égaré quelque
temps dans les bois avec la femme de
chambre de confiance de madame, avait
rejoint, accompagné de cette belle, et grâce
à son influence morale, il s'était fait nommer lieutenant de Gorgebut. Dans ce temps-
là, la qualité d'Espagnol pouvait autant sur
les intelligences françaises que la qualité
d'Anglais peut aujourd'hui.

Un Espagnol était bon à tout, propre à
tout; il était plus noble que les Valois, plus
brave que Crillon, plus spirituel que toute
la Sorbonne et meilleur catholique que le
Pape; enfin qui disait Espagnol disait tout,
et on s'estimait heureux, dans une ville
ligueuse, d'avoir quelques-uns de ces fiers
à bras pour encourager le reste de la garnison. Qu'on juge donc du bonheur de
Gorgebut, qui possédait dix Espagnols, sans

compter son lieutenant, pour frapper de terreur tous les malavisés qui voudraient l'attaquer! Il se sentait assuré de résister à l'univers conjuré contre lui; il est vrai que, jusqu'à l'arrivée de La Mothe-Baranne, pas une tentative n'avait été faite contre son poste.

Puisque nous sommes devant sa citadelle et sur le point de l'assiéger, parlons donc un peu de ce bon maître Gorgebut, que nous avons bien perdu de vue depuis quelque temps. On saura que c'est un intrépide ligueur. Il n'a pas encore fait grand exploit pour le parti, mais il a beaucoup remué, beaucoup crié; il a ameuté le populaire, il a abattu de sa propre main les armes royales en deux endroits de Melun, et, enfin, c'est là son grand titre à la gloire, il a envoyé madame la comtesse, femme du gouverneur expulsé, à la Bastille de Paris, où elle est gardée par maître Bussy-Leclerc en compagnie de beaucoup d'autres personnes de qualité. Tant de zèle, joint à la qualité incontestée d'être un des plus riches bourgeois de Melun, devait nécessairement attirer les faveurs de M. de Mayenne. Le grand prince, comme l'appelle d'ordinaire maître Guillaume lorsqu'il parle de lui, a daigné faire expédier au capitaine bourgeois des lettres de noblesse. Tous les vœux de maître Guillaume sont comblés. Il est trop heureux pour regretter beaucoup sa femme. Que disons-nous, regretter? Il n'y a pas songé deux fois depuis qu'elle est partie! il est heureux! il est capitaine, gouverneur d'un petit château, gentilhomme; il fait donner la torture, conjointement avec son ami, maître Eustache Maillot, aux royalistes qu'il attrape, et il rêve de se faire nommer député de la noblesse aux États que la Ligue promet de réunir quelque jour à Paris.

C'était dans cette disposition hautaine du cœur et de l'esprit qu'était le capitaine Gorgebut, lorsque les fuyards, que l'approche de Louis venait de mettre en déroute, lui apportèrent la funeste nouvelle de l'arrestation de son excellent ami. Il ressentit un frisson involontaire et son cou lui fit mal. Les représailles étaient devenues fort à la mode, et il sentait qu'il avait agi avec assez de zèle en faveur de son parti pour justifier, et de reste, toutes les rigueurs auxquelles on voudrait se porter envers lui.

— Je ne me rendrai jamais! dit-il avec un geste héroïque qui lui était inspiré par ses secrètes pensées.

Ses compagnons bourgeois le comprirent, et comme d'ailleurs ils étaient animés, eux aussi, par des passions politiques, ils crièrent comme des brûlés qu'ils ne voulaient pas se rendre ; mais les soldats mercenaires, les Espagnols sur lesquels ils comptaient si fort, ne partagèrent pas du tout cette manière de voir. On va comprendre pourquoi.

Ce n'était pas la mode de pendre les stipendiaires ; on trouvait plus commode et tout aussi simple de les rallier à son drapeau ; pour les mettre à mal, il fallait qu'on fût animé par le carnage ou qu'on eût à venger des déprédations ; mais hors ces deux cas, on ne justiciait point d'honnêtes gens qui ne demandaient jamais mieux que de s'épargner la peine de se battre en se rendant.

Don Pedro Garpentino déclara sans détour à son chef qu'il fallait mettre bas les armes.

Son chef lui répondit par des déclamations dont la signification était que maître Gorgebut tenait à la conservation de sa précieuse existence. Je ne lui en fais pas un tort, il était dans son droit.

Don Pedro, très-chevaleresquement, lui dit des injures et rallia ses hommes à son avis. Ce fut en ce moment que le trompette de Louis fit sa sommation. Les deux partis qui formaient la garnison voulurent chacun s'emparer du monopole de la réponse; à leur lutte se joignaient les cris des femmes. On a vu que le trompette fut obligé de s'en retourner sans avoir pu obtenir une solution raisonnable à la question qu'il avait implicitement posée : Voulez-vous vous rendre?

Quand le député eut raconté ce qui se passait, Louis et le sergent éclatèrent de rire.

— Ma foi, tout est pour le mieux, dit le jeune homme. Avez-vous là une rancine?

Une rancine, c'était un long tuyau de toile ou de cuir bourré de poudre à canon. Les troupes en portaient toujours quelques-unes pour les cas pareils à celui-ci.

Une partie des soldats, La Mothe-Baranne en tête, s'avança contre le château et se mit à tirer dans les vitres; on lui répondit par quelques mousquetades; mais bientôt Louis put s'apercevoir que le vrai combat n'était pas celui qu'il soutenait contre les pierres de la muraille, mais qu'il se passait en dedans. Il cria au sergent de hâter la besogne; celui-ci, avec les deux hommes qui portaient le passe-partout meurtrier, fut bientôt prêt; il battit le briquet, arrangea une traînée, mit le feu, la porte était par terre.

— En avant! cria La Mothe-Baranne.

Le passage voûté qui donnait entrée dans le château était plein de fumée. Un coup d'épée sur la tête faillit atteindre le jeune guidon. Celui qui l'avait porté tomba.

— Point de quartier! cria un des hommes d'armes.

— Au contraire! Quartier! quartier! interrompit Louis.

Au haut de l'escalier, il trouva les Espagnols, don Pedro en tête, tendant leurs armes et criant merci. Il passa outre; il arriva dans la grande salle; il vit quelques bourgeois qui se sauvaient et sautaient par les fenêtres. Par terre était couché Gorgebut, avec une grande balafre sur le visage.

— Ouf! se dit Louis, est-ce qu'on me l'aurait tué?

Gorgebut reconnut le jeune homme qu'il ne savait pas d'ailleurs être son rival.

— Ah! monsieur le baron, lui dit-il,

c'est ce scélérat d'Espagnol qui m'a tué !
J'ai une grande pistolade dans le ventre ! la
balafre ne serait rien. Vive la Ligue !

— Taisez-vous, vieux drôle ! dit La
Mothe-Baranne avec humeur. L'Espagnol
sera pendu. J'espérais me battre avec vous,
et voilà mon affaire manquée. Où est le
maître du château ? Qu'avez-vous fait du
vieux Cornisse ?

— Il est là, enfermé dans le donjon avec
ses livres.

— Voulez-vous quelque chose ? un verre
d'eau ?... Je n'ai pas ici grands médicamens
pour vous.

— Je suis gentilhomme ! dit Gorgebut.

Il délirait.

La Mothe-Baranne se détourna et passa
dans une autre chambre. Il ne savait pas s'il
était heureux ou fâché. Il est toujours triste

de voir mourir un homme, même quand cet homme nous gênait.

Il s'assit dans un fauteuil en s'essuyant le front. Un de ses hommes lui apporta un flacon de vin, une moitié de jambon et et du pain, qu'on avait trouvé. Tous mangeaient un morceau sur le pouce. Les femmes de chambre vinrent se mettre à genoux en criant miséricorde. Par la fenêtre, on voyait don Pedro qui pendillait à un balcon voisin. Les gens de guerre sont si expéditifs! Dans ce moment, le seigneur de Cornisse, qu'on venait de délivrer, entra.

XLVII.

**Louis parle d'affaires domestiques avec
le seigneur de Cornisse.**

Sans vouloir imiter la plupart des écrivains et même des meilleurs, qui sont coutumiers de tomber dans des erreurs impardonnables aux yeux des peintres, lorsqu'ils disent : « Il aurait fallu le pinceau de l'Albane, ou celui de Raphaël, ou celui de Michel-Ange, pour peindre le tableau que nous mettons ou allons mettre sous les yeux du lecteur, » et qui s'expriment avec tant de prétention pour décrire une scène qu'il serait impossible de rendre intéressante sur la toile, nous croyons pouvoir affirmer que le spectacle présenté par la vaste chambre où le seigneur de Cornisse entra, conduit par deux soldats royalistes, eût été digne d'occuper un pinceau familier tout à la fois avec la manière énergique de Salvator Rosa et les conceptions moins rigides et grotesques des peintres flamands.

La pièce était grande et, comme tous les appartemens du temps d'Henri III, assez mal éclairée par ses deux immenses fenêtres. Je ne sais trop pourquoi je fais honneur au règne du persécuté des Guises du triste avantage d'avoir su mal éclairer les maisons; réparons cette faute en avouant qu'il n'y a guère plus de quarante ans que l'on a appris cette science si utile de jeter la clarté à flots dans les demeures humaines. La pièce était donc mal éclairée. Les murs étaient crépis à la chaux ; ils étaient ornés de cornes de cerfs et de quelques vieux portraits de famille ; les poutres du plafond avaient été originairement peintes en vermillon avec des filets bleus, mais le temps avait singulièrement terni l'éclat de ces peintures, de sorte qu'elles n'étaient pas en *désharmonie* trop complète avec les rideaux de serge verte pendant aux côtés de chaque fenêtre.

Le jeune guidon, dans son corselet d'acier avec son pourpoint de drap rouge à longues manches doubles, son casque délacé et jeté à terre, sa tête animée de tout le feu de la victoire, ses grandes bottes armées d'éperons démesurés, était magnifique à voir dans le vaste fauteuil où il s'était étendu auprès de la table de chêne qui portait sa collation. Tout autour de la salle, ses hommes d'armes, l'épée sous le bras, ou la pertuisane appuyée contre l'épaule, mangeaient, comme je l'ai dit, sur le pouce ce qu'ils avaient pu trouver ; un groupe de femmes, plus ou moins échevelées, criait grâce à genoux dans le beau milieu de l'appartement, et le vieux seigneur de Cornisse, vêtu de velours noir, se tenant droit dans sa fraise empesée, ayant la tête rasée fort court, la barbe longue et le regard sévère, parut à la porte, escorté par deux soldats qui venaient de forcer la porte de sa prison. Si ce n'est pas là de quoi faire un tableau, je ne sais ce qu'il faut pour une œuvre de peinture, et il ne m'arrivera de ma vie d'en reparler.

Ce n'était pas un triomphe médiocre pour Louis, que de se voir maître et seigneur armé de ce château dans lequel il

avait eu soupçon que monsieur son beau-
père ne l'envoyait que pour y trouver sa
perte. Quelques mois en çà, il aurait pénétré, tout tremblant, avec sa petite sœur,
dans ce manoir qui, maintenant, était sien
par droit de conquête, et au lieu d'avoir à
frémir devant les arrêts de son vieux cousin, c'était lui qui se trouvait, au contraire,
avoir à décider du sort de ce seigneur.
Mais, qu'on ne s'y méprenne point, notre
jeune homme n'était pas pétri de cette pâte
aigre-douce qui tourne à la chaleur de la
prospérité, et finit par faire un méchant
gâteau ; il aimait la gloriole, mais il n'avait
nul penchant à abuser de sa force. Après
avoir persifflé quelque peu son vieux cousin, il était décidé d'avance à le laisser jouir
tranquillement de son bien.

— Monsieur, dit-il au vieillard, me re-
connaissez-vous ?

— Nullement, monsieur, répondit celui-ci; mais puisque vous êtes officier royaliste, d'après ce que je vois à votre écharpe, je compte sur votre protection et je la réclame, comme fidèle sujet que je suis et opprimé par ceux de la Ligue.

— Laissons-là, monsieur, dit Louis, et la Ligue et le Roi, si vous me connaissiez, il est assez probable que vous seriez moins sûr de votre fait; mais je ne veux pas vous tenir dans l'incertitude. Vous allez sans retard avoir de quoi réfléchir. Je suis le baron Louis de La Mothe-Baranne.

— Vous? s'écria le vieillard; mais, en effet, maintenant que je vous regarde avec plus d'attention, il me semble que je vous reconnais quoiqu'il y ait bien cinq ans que je ne vous ai vu, et à votre âge, cinq ans ne sont pas sornettes. Mon cher baron, je vous félicite de vos succès. Il me semble que vous faites votre chemin.

— Je voudrais pour beaucoup, monsieur, s'écria Louis impatienté, que vous eussiez quelque trente ans de moins!

— Je le désirerais plus ardemment encore, répondit le seigneur de Cornisse; mais à quoi bon ce souhait de votre part?

— C'est que n'ayant pas à respecter en vous le privilége de votre âge, je pourrais, sans risquer d'être blâmé, vous dire que vous êtes un fourbe, un homme à double face, un monstre de cruauté et de duplicité, et finir en vous forçant de vous battre avec moi! Voilà ce que je ferais si vous aviez trente ans de moins.

Cornisse se mit à rire.

— Je vois, dit-il, où le bât vous blesse. On vous aura fait quelques indiscrétions, ou vous aurez deviné une partie des projets de votre beau-père.

— J'aime assez, interrompit Louis avec amertume, la manière dont vous en prenez votre parti!

— Mon cher baron, il y a dans cette salle un peu trop d'oreilles pour le récit que vous me demandez implicitement. Si vous n'avez pas trop peur que je vous croque, vous plaîrait-il venir dans mon cabinet. Là nous causerons quelques minutes, et je suis assuré que vous changerez d'avis sur mon compte.

— Ainsi soit, répondit Louis; je ne demande pas mieux. Mais il faudra que vous me donniez des preuves bien convaincantes pour que mes impressions premières puissent s'effacer.

— On vous en donnera, venez!

— Je vous suis; mais auparavant laissez-moi en finir avec ces femmes! Que voulez-vous, drôlesses?

Toutes les femmes redoublèrent leurs cris et leurs pleurs. Les soldats les plus endurcis par le bruit des batailles se virent contraints de se boucher les oreilles.

— Voulez-vous bien vous taire, diablesses enragées! s'écria le guidon en frappant sur la table du plat de son épée. Si vous continuez ce tapage, je vous en ferai punir d'une manière exemplaire. Parlez l'une après l'autre! Que demandez-vous?

La première femme de chambre de dona Carmen, la veuve de don Pedro de la Rocca-Sinistra, prit la parole d'une voix entrecoupée de larmes :

— Je parlerai pour toutes mes compagnes, avec la permission du seigneur capitaine! Nous sommes accablées de douleurs et toutes honnêtes filles, incapables de faire de la peine à personne! Nous demandons à nous retirer avec nos effets qui seront faciles à reconnaître, car ils sont plus ornés et plus beaux que tous ceux qui appartiennent au maître du château!

— S'il m'est permis, dit le vieux Cornisse avec un sourire de tigre, de faire entendre une observation, je prierai M. de La Mothe-Baranne de surseoir à la grâce de ces demoiselles jusqu'à ce qu'il ait entendu les renseignemens que j'ai à lui fournir sur leur compte. Peut-être jugera-t-il que des voleuses associées à des déserteurs ne méritent aucune pitié.

— Par le ventre du diable! s'écria le petit guidon, s'il y a ici des voleurs, nous en ferons un exemple terrible! Allons! que personne ne bouge d'ici jusqu'à ce que je revienne! Alors je déciderai ce qu'il faudra faire. Monsieur de Cornisse, montrez-moi le chemin, je vous suis !

Le seigneur du logis conduisit son hôte victorieux dans le haut d'une petite tourelle, et lorsqu'il fut entré avec lui dans ce local étroit qui ne contenait que deux chaises et une petite table, il ferma la porte avec soin et lui dit :

— Asseyez-vous ! Pour que vous compreniez très-bien vos propres affaires sur lesquelles j'ai des renseignemens intéressans à vous donner, il est à propos que je vous raconte votre histoire à vous-même et que je vous mette au fait de beaucoup de choses que vous ignorez, et qui vous seront utiles ainsi qu'à mademoiselle votre sœur.

— Il me semble, monsieur, dit Louis, que nous changeons de rôle. Vous me semblez avoir tout l'aplomd d'un donneur de conseils et il serait cependant plus convenable que vous pensiez à vous justifier vous-même.

— Mon cher monsieur, répliqua le seigneur de Cornisse avec hardiesse, je sais mal avoir peur et m'effrayer. Tout ce que je puis, c'est de vous bien prouver que je n'ai pas de tort à votre égard, et lorsque vous serez convaincu de ce fait, je crois que la discussion aura fait un grand pas; alors vous me ferez peur, si vous pouvez! Ecoutez-moi donc avec attention.

Le seigneur de Cornisse paraissait si sûr de son affaire que Louis fut frappé malgré lui d'une sorte de respect, et sans lui répondre davantage, il lui fit signe de la main, après s'être assis, qu'il était disposé à l'écouter. Le vieillard commença en ces termes :

— Dans ma jeunesse, vous voyez que je

prends les choses de haut, j'ai été grand ami de monsieur votre père. C'était un digne gentilhomme, bon soldat, excellent compagnon et surtout grand joueur. Contre l'usage de ses pareils, il ne perdit pas tout ce qu'il avait gagné, et quand il épousa votre mère, il était propriétaire d'une bonne somme rondelette qu'il médita d'employer en achats de terres et de maisons. Vous voyez que la fortune de votre père n'était pas si petite qu'on vous l'a dit sans doute.

— On m'a toujours assuré, s'écria Louis, que mon pauvre père n'avait jamais eu un sou vaillant.

— Je vous apprends le contraire. Mais comme il était homme franc et fort généreux, qu'il aimait passionnément sa femme, il ne fit aucune difficulté de céder à la demande de votre mère qui le supplia de lui laisser employer cet argent gagné au jeu comme elle l'entendrait. Lui, s'entendait mal aux affaires; il ne s'inquiéta jamais de ce que son bien était devenu, et il mourut ayant moins de regrets de quitter le monde que de se séparer de sa femme et de ses enfans, qu'il aimait fort.

— Je crois comprendre, interrompit Louis, que notre mère a dissipé toute la fortune de M. de La Mothe-Baranne; s'il en est ainsi, je ne lui en ferai pas un reproche, et je tiens, au contraire, qu'elle était parfaitement maîtresse d'un bien qui lui avait été donné volontairement.

— J'approuve vos sentimens, répartit Cornisse; mais heureusement pour votre mère, ils ne sont pas ici de mise. La femme de mon vieux ami était une personne rangée, point coquette, extrêmement douce, très-ordonnée, et qui pour rien au monde n'eût ruiné son mari. De la fortune qu'elle administrait, elle tira un parti merveilleux, et si merveilleux, que bientôt elle fut réputée à vingt lieues à la ronde, pour la veuve la plus riche en même temps que la plus accorte.

J'avais un cousin qui ne manquait pas d'esprit, de conduite, qui administrait bien ce qu'il possédait, et qui passait pour honnête homme. Comme mes études me rendaient fort sauvage, je le voyais rarement; mais de tous côtés il en revenait de bons rapports à mes domestiques, qui me le dépeignaient fort en beau. Votre père m'avait confié la conduite de sa femme; la voyant jeune encore, je pensai qu'il fallait la marier, et je l'engageai à permettre à M. de Chanteclaude de lui faire sa cour.

— Ce fut un beau coup! s'écria Louis en levant les épaules.

— J'en tombe d'accord, répondit Cornissé; mais que vouliez-vous qu'un pauvre vieux homme enamouré de ses livres, et qu'on dérangeait à chaque instant pour lui dire : Madame de La Mothe-Baranne veut, etc.; elle pense que, etc.; elle attend de vous que, etc. C'était une position intolérable. Ma vie entière s'écoulait à m'occuper des affaires de votre mère; j'étais dans l'esclavage, et je voulais en sortir. C'est pourquoi je la pressai de se marier. Je la brusquai, je la tourmentai, et, à la fin, elle donna sa main à M. de Chanteclaude. Mais là! voyez! elle n'était pas sa femme depuis huit jours qu'elle en raffolait. Il était jeune, assez bien fait de sa personne, et beaucoup plus beau parleur que le bonhomme votre père, de sorte que les amours allèrent si grand train, qu'à une visite que je fis, je fus bien forcé de m'apercevoir que vous étiez très-négligés, votre sœur et vous. Je criai alors, je me répandis en reproches, et je réussis à ce que, sans me mettre à la porte, ce qu'on n'osa pas faire, on me témoigna de la façon la plus claire, que mes visites n'étaient pas agréables. Vers ce temps-là, des bruits ridicules sur mes prétendus talens en sorcellerie se répandirent partout; le château de Chanteclaude ne fut pas des derniers à les admettre et à les répandre; tout cela finit pour moi par une enquête criminelle, dans laquelle j'eus le bonheur de faire admirer mes livres hébreux à un conseiller au parlement, fort érudit, et qui passa deux jours fort agréables, pour lui comme pour moi, en ce château. Mais je n'ignorai pas que c'était M. de Chanteclaude qui avait le plus contribué à faire réclamer l'enquête, espérant qu'il en sortirait du scandale. Je suis un homme trop occupé d'ordinaire pour avoir le temps de garder rancune.

D'ailleurs, j'étais la cause première et même unique du mariage qui avait rendu la veuve de mon ami folle d'un coquin doucereux. Je sentais bien que je ne pouvais pas abandonner deux enfans aux entreprises d'un fourbe, aux faiblesses d'une femme circonvenue. J'étais mal reçu au château; mais malgré la mine qu'on m'y faisait et ce que je savais qu'on y disait de moi, je persistai à y paraître à de longs intervalles; un vieux domestique de votre père m'instruisait de tout ce qui s'y passait, et ce fut ainsi que j'appris la maladie de madame de Chanteclaude. Je m'empressai de me transporter auprès de son lit de mort, pour assister à ses derniers momens et veiller à ce qu'aucun tort ne vous fût fait.

— Pardieu ! s'écria Louis frappé d'étonnement depuis le commencement de ce discours, vous êtes donc honnête homme.

— Je le crois, je l'espère, répartit le vieux seigneur en riant; il est vrai que la laideur de ma figure et la brusquerie de mes manières ont souvent convaincu du contraire les gens superficiels; mais lorsqu'on a eu affaire à moi quelque temps, on a toujours fini par avouer qu'il y avait bien des erreurs répandues sur mon compte, et qu'en somme, si j'étais le diable, j'étais un bon diable. Plus que personne, vous me semblez obligé en conscience à en convenir.

— Je ne demande pas mieux, dit Louis avec rapidité, mais jusqu'à présent je ne vois pas encore nettement où votre discours nous mène.

— J'en suis resté au moment de la mort

de votre mère. Quand j'arrivai au château, on courut prévenir M. de Chanteclaude. Il vint à moi avec son air froid et poli, et à mots couverts, me fit entendre que la malade refusait de me voir.

— C'est possible, lui répliquai-je, mais dans ce cas je me vois contraint de faire violence à ses sentimens et aux vôtres, car il importe que je lui parle de ses enfans!

— C'est inutile, répondit-il vivement, leur sort est assuré; en perdant ma femme, je perds tout ce qui faisait le charme de ma vie et je ne pense guère, je vous assure, à des richesses qui n'ont point d'attrait pour moi. Que les enfans aient tout, il ne me reste que trop de biens personnels pour la vie déplorable que je vais mener.

J'avais suivi de trop près depuis quelques années la conduite de mon cher cousin pour ne pas être sûr que c'était l'homme le plus intéressé de la province. L'étalage de beaux sentimens, qu'il me faisait là, me donna lieu de frémir, et l'écartant doucement de la main, je l'engageai à me faire place. Il ne voulut pas.

— Me connaissez-vous? lui dis-je.

— Oui, me répondit-il, je vous connais pour honnête homme, et vous ne voudriez pas effrayer et troubler une pauvre femme qui est à son dernier moment.

— Ce n'est pas de cela qu'il s'agit, m'écriai-je; je veux vous dire que si vous me connaissez, vous devez savoir que je suis colère comme un diable et de plus fort entêté. Si vous refusez de me laisser parler à votre femme, je ferai un bruit et un scandale affreux, et vous serez victime de vos précautions déloyales!

— Quoi! déloyales? me répliqua-t-il;

n'avez-vous pas dit déloyales? Qui appelez-vous déloyal, s'il vous plaît?

Je vis qu'il cherchait à entamer une querelle pour passer le temps. Je lui fis de gros yeux, et lui serrant le bras sans mot dire, je le forçai de me faire passage. Comme tous les coquins, M. de Chanteclaude a des timidités subites devant les gens qui le traitent avec hauteur; il se mit à maugréer, mais n'osa plus me retenir, et moi, d'un pas leste, j'escaladai les escaliers et j'arrivai à la chambre de votre mère. En ouvrant la porte, j'entendis qu'on parlait. Je venais à propos : je poussai le battant et j'entrai.

J'avoue que je fus surpris en entendant madame de Chanteclaude m'appeler d'une voix très-amicale; ce fut un souvenir des anciens temps qui me perça le cœur de tristesse et de mélancolie.

— Ah ! c'est vous, mon bon cousin ? me dit-elle ; vous venez me sommer de faire mon devoir ? je ne veux pas, à l'heure de mourir, me rendre coupable, même en croyant bien faire, et puisque vous êtes venu, je vous demanderai vos avis.

Ces bonnes paroles m'attendrirent beaucoup ; je baisai la main de la malade, et je lui dis :

— Allons, ma cousine, ne vous affectez pas ! vous n'êtes point si mal que vous ne puissiez vous relever !

Elle me fit signe de la tête qu'elle sentait bien que tout était fini, et le médecin, qui était derrière son chevet et qui lui préparait une potion, me donna aussi à connaître par sa contenance qu'il ne fallait pas concevoir d'espoir. Alors je me sentis fort affligé, et, les yeux attachés sur la mourante, j'oubliai pendant quelques instans le motif de ma visite.

La voix du seigneur de Chanteclaude, que j'entendis près de moi, me rappela à moi-même.

— Allons, disait-il, ma bonne, achevez, je vous prie, votre dictée.

— Qu'est-cela? m'écriai-je.

Je jetai alors les yeux autour de moi pour la première fois depuis que j'étais entré, et je vis au pied du lit M. le curé que je connaissais fort et que j'estimais, et dans l'embrasure de la fenêtre M. le notaire que je savais non moins digne de considération.

Cet aspect me rendit le sentiment du devoir que j'avais à remplir, et m'approchant de la petite table où écrivait le tabellion, je lui dis :

— Que faites-vous là, monsieur?

— J'écris les dernières volontés de madame, me répondit-il.

— Soyez assez bon pour lire tout haut, repris-je.

Ici M. de Chanteclaude s'emporta vivement, assurant qu'on n'avait pas d'exemple d'une conduite aussi inouïe que la mienne, que jamais un étranger ne s'était immiscé ainsi dans ce qui ne le regardait point, et que, sans les égards qu'il avait pour sa femme, il emploierait la force pour m'obliger à quitter la chambre; mais qu'il m'engageait à sortir sur-le-champ.

Le voyant si enflammé, je m'assis, et prenant la parole, après avoir réfléchi une seconde, je m'exprimai à peu près en ces termes :

— Monsieur le curé, vous venez ici pour accomplir votre saint ministère et pour préparer une âme pieuse au grand voyage que nous devons tous faire un jour; je compte donc sur vous pour engager madame à réfléchir mûrement avant de disposer de son bien. Elle a beaucoup aimé M. de Chanteclaude, son époux; je ne vois dans ce sentiment rien que de fort légitime et de très-louable; mais au moment de quitter les biens périssables que le ciel lui avait accordés, elle doit se souvenir qu'une partie de ces biens lui vient de son premier mari et que ses enfans vont se trouver sans pain, si elle cède trop à son affection pour M. de Chanteclaude déjà fort riche par lui-même. C'est donc ici une affaire de conscience pour la malade.

Le notaire prit la parole.

— Je m'étais déjà permis, dit-il, avant l'arrivée de M. le curé, de faire quelques observations à madame sur l'usage qu'elle fait de sa fortune; mais M. de Chanteclaude, ici présent, m'a imposé silence. Je dois vous dire que si le présent testament subsiste, les deux enfans sont aussi complètement dépouillés qu'il est possible de l'être. Il ne leur reste pas à chacun trois cents francs de rente.

— Oh! madame, s'écrie alors l'ecclésiastique, à quel point pouvez-vous bien vous laisser entraîner?

Je vous fais grâce, mon cher baron, de tout ce qui se dit d'onctueux, de sage, d'honorable, en un mot, de favorable à vos intérêts en cette rencontre de la part du curé, du notaire et de votre serviteur. La malade pleurait; M. de Chanteclaude jurait dans ses dents. Enfin, pour accommoder autant que possible tout le monde, il fut convenu que votre beau-père aurait la jouissance de votre bien jusqu'à votre majorité, que votre sœur serait également sous sa tutelle, que j'aurais un double du testament, et que nous pourrions forcer votre beau-père à rendre compte, s'il nous semblait avoir mal administré votre bien dont l'usufruit lui était seul accordé. Voilà, mon ami, permettez-moi de vous donner ce titre, comme quoi vous avez à vous plaindre de moi.

La Mothe-Baranne, ému jusqu'aux larmes, s'écria :

— Je vous ai bien mal jugé ! Mais dites moi ! comment et pourquoi le seigneur de Chanteclaude m'a-t-il envoyé vers vous d'une manière tellement sinistre, que j'ai cru que ma sœur et moi nous devions être victimes d'un guet-apens ?

— C'est que je vous avais réclamés pour terminer votre éducation d'une manière convenable, et mettre votre sœur au couvent jusqu'à son mariage. Votre beau-père était fort mécontent, et s'attendait à beaucoup de sévérité de ma part lorsqu'il s'agirait de rendre ses comptes. Et, en effet, il vous préparait un guet-apens dans une certaine auberge, d'où il paraît que vous vous êtes finement évadés. Mais laissons ces conversations inutiles sur lesquelles nous aurons le temps de nous appesantir plus tard. Laissez-moi vous montrer quelque chose.

Le seigneur de Cornisse, en parlant ainsi, se leva, prit une clef dans sa poche, se moucha, puis ouvrit avec effort une petite armoire, habilement ménagée dans un coin de la tourelle. Louis vit que plusieurs cassettes et rouleaux de papiers et de parchemins remplissaient cette armoire.

— C'est mon chartrier, dit le vieux seigneur. Mais lisez ceci et dites-moi ce que vous en pensez !

Il lui tendit un parchemin.

La Mothe-Baranne lut jusqu'au bout, puis se jeta dans les bras du vieux savant, qui passait pour sorcier et étrangleur secret.

Son terrible et mystérieux parent lui mettait dans les mains vingt mille livres tournois de rentes en bonnes terres, métairies, château et maisons sis à Melun.

XLVIII.

Louis continue ses campagnes et intervient fort à propos dans une affaire qui le regarde.

Il serait fort difficile de peindre la sensation qu'éprouva Louis en se voyant en main la pièce importante qui changeait tout l'état de sa fortune. Il s'attendrissait sur la mort de sa mère, il se récriait sur la scélératesse de M. de Chanteclaude, il se félicitait du bonheur qu'il allait avoir de pouvoir marier sa sœur honorablement, puis il revenait à penser à toutes les conséquences de la mort de Gorgebut. Il avait pris tant d'affection pour le vieux Cornisse, qu'il ne se tint pas de lui raconter l'histoire de ses amours avec la gentille Barbette ; ce récit donna à réfléchir au brave homme.

— Mon ami, lui dit-il, je serais désolé de passer à vos yeux pour un de ces fous surannés, qui, semblables à un gouverneur de nos amis, sont toujours occupés à rêver à leurs passions ou à favoriser celles des autres; mais je dois vous dire aussi que votre penchant pour madame Barbette ne me déplaît point. S'il se pouvait faire qu'elle héritât de son abominable coquin de mari, je crois que nul parti plus convenable ne pourrait vous être proposé, car je sais de science certaine que le drôle est des plus

riches du pays et que son avoir est clair et
net de toutes dettes, cette ruine de la plupart de nos maisons nobles; ainsi, par un
grand hasard que vous n'avez point prémédité, il se rencontre qu'une fantaisie de
jeunesse tourne à présenter l'objet d'une
légitime ambition.

— Quel bonheur! s'écria Louis, je suis
vraiment accablé par mon heureux destin.

— Si vous vous sentez accablé, répondit
M. de Cornisse, il faut à l'instant vous occuper d'autre chose; car vous abandonner
au sentiment de votre bonheur, ce serait le
vrai moyen de devenir sot et prétentieux,
et, en peu de temps, de perdre tous vos
avantages. Car vous n'en manquez pas,
mon petit ami, et depuis que vous avez
quitté le pays, si je dois comparer ce que
je vois en vous à ce qui m'en était rapporté
lorsque vous étiez chez votre beau-père,

vous avez fait de notables progrès en raison, en prudence et en bonne tenue. Il ne se peut que vous n'ayez rencontré sur votre chemin quelque homme prudent et de bon conseil, quelque gentilhomme plein d'honneur, qui vous aura appris la manière dont vous deviez vous conduire.

— Oui, répondit avec une sorte d'attendrissement comique le jeune officier, je me suis confié dans ma fuite à un pauvre diable de saltimbanque, mourant de faim, traînant ses guenilles, et se reprochant de toute son âme un crime qu'il n'avait pas commis, mais dont pourtant, grâce à la férocité de Gorgebut envers lui, et à un mouvement d'impatience bien excusable, il se trouvait être la cause naturelle. Pour un peu d'or que j'ai partagé avec lui, Nicolas Belavoir m'a guidé, conseillé, surveillé, défendu comme s'il eût été nourri par mes pères, dans ma maison, et qu'il m'eût vu naître. Ce bohémien sans ressource et sans famille, qui a passé sa pauvre vie à souffrir et qui a nagé en pleine eau dans la plus dégradante misère, a su garder son âme au-dessus de toutes les souillures, et si, être vraiment plein de désintéressement, de douceur, d'affabilité, de piété, peut donner droit à se dire homme d'honneur, mon pauvre Nicolas Belavoir est l'homme de plus d'honneur que j'aie vu en ma vie, et je reconnaîtrai jusqu'à mon dernier soupir que la destinée s'est servi de lui pour me faire arriver là où je suis, et que je lui dois une dette que je ne pourrai jamais payer.

— Décidément vos sentiments m'enchantent, mon bon ami, s'écria le vieux Cornisse, en serrant encore une fois La Mothe-Baranne sur son cœur; vous avez l'âme délicate, et d'autre part je suis bien aise d'entendre dire du bien du compagnon de votre fuite; ce n'est pas des mêmes que se servait M. le gouverneur de Melun, lorsqu'il m'entretint avec horreur de la quantité d'enfans que votre saltimbanque a enlevés sur son territoire. Heureusement que le nombre en est diminué puisque l'on a déjà retrouvé vous, votre sœur et l'enfant de madame Barbette.

— Quoi! l'enfant de Barbette est retrouvé! L'étranger ne l'avait donc pas enterré! Nicolas est donc un rêveur?

Le seigneur de Cornisse se vit forcé de raconter l'histoire de l'enfant; de là, il passa à l'histoire de la dame espagnole, et de l'histoire de la dame espagnole, il passa nécessairement à celle de François de La Mothe-Baranne, le tout agréablement entremêlé des aventures de Blaisette, de celles de Brillache, et enfin de celles de monseigneur le gouverneur de Melun; en un mot, il fit à Louis le même récit que nous avons présenté à nos lecteurs dans quelques chapitres de cette longue compilation, avec cette seule différence qu'il s'en tira plus agréablement que nous n'avons fait, et qu'il sut, grâce à sa qualité de savant, plaisanter avec finesse, raconter avec grâce et légèreté, ne se point appesantir sur les détails oiseux, toutes choses fort nécessaires pourtant, que notre malheur de n'être pas érudit nous a empêché de faire aussi bien que nous l'aurions souhaité.

Louis fut extrêmement attentif à tous ces détails et surtout à ceux qui concernaient la fâcheuse conduite d'un parent qui lui tenait d'aussi près. Il s'affligea avec sincérité des excès dans lesquels un caractère trop bouillant et un cœur trop impressionnable avaient entraîné son malheureux cousin et il eut besoin des assurances répétées que lui donna Cornisse du fonds excellent et de l'honneur du pauvre écuyer passionné, pour se consoler un peu et revenir de la triste opinion que depuis long-temps déjà il en avait conçue et que les dires actuels confirmaient.

Enfin le seigneur de Cornisse ayant beaucoup parlé, beaucoup écouté, fit une réflexion :

— Mon ami, dit-il à Louis, je suis enchanté de vous avoir chez moi, mais permettez que je vous rappelle les devoirs dont vous êtes chargé. Vous n'avez sans doute pas l'intention de pousser la politesse envers moi jusqu'à tenir garnison dans mon château et veiller sur ma précieuse personne jusqu'à la fin des troubles.

— Hélas! dit Louis, je comprends bien qu'il faut que je m'en aille; je ne suis même resté ici que trop long-temps. Mais qu'allez-vous faire seul dans votre manoir. La défaite des ligueurs de Melun ne va-t-elle pas vous attirer des représailles de la part de leurs amis?

— Je n'ai à craindre que quelques exactions, répondit le vieux savant, et dans ce temps-ci, soit de la part des amis, soit du côté des ennemis, on n'en est jamais entièrement quitte; mais on ne me fera pas grand mal. D'ailleurs, je suis fort innocent du malheur arrivé à mes garnisaires; ils n'avaient qu'à mieux se défendre. Je sais d'avance ce qui va m'advenir. Si vous partez aujourd'hui, je vais voir entrer demain chez moi d'autres Melunois qui s'établiront dans mes salles; on me confinera dans mon cabinet où je vis fort heureux avec mes livres et tout ira bien jusqu'à ce qu'un autre parti royaliste enlève mon pauvre château. En vue de ce cas, je suis bourré de sauf-conduits, d'exemptions, de priviléges que j'ai négligé de vous faire voir, mais que je puis étaler devant vous, pour peu que le cœur vous en dise.

— Grand merci! Je suis charmé de vous voir aussi philosophe et aussi rassuré. Je pars; avant de m'éloigner, cependant, je vais faire raccommoder votre porte pour que les pillards qui ne sont d'aucun parti ne trouvent pas trop commode d'entrer chez vous, et je ferai enlever les morts qui se trouvent dans les escaliers.

Ayant parlé ainsi, Louis descendit de la tourelle. Il entra dans la salle où les femmes étaient réunies, et où l'on avait amené, depuis qu'il était monté dans le cabinet du seigneur de Cornisse, les quelques prisonniers que l'on avait pu faire. Il vit du premier coup-d'œil que la politesse naturelle à ses hommes d'armes et leurs bons procédés avaient calmé tout-à-fait les frayeurs et les transes des demoiselles. Comme il était rigide observateur de la discipline, et tenait fort et ferme à ce que les moustaches grises qui servaient sous ses ordres ne le prissent pas pour un blanc-bec avec lequel on pouvait se passer toutes les libertés et toutes les fantaisies, il resta impitoyable à la demande de ses gens qui sollicitaient tous avec empressement la faveur de souper et de passer la nuit dans un si bon gîte.

— Non, non, mes amis, répondit-il avec fermeté, nous ne sommes pas en campagne pour nous amuser. Melun n'est qu'à quelques lieues d'ici; et si au milieu du banquet, nous allions nous faire enlever comme des sots par un parti plus fort que nous, je n'oserais reparaître à la lumière du jour. Mais je suis bien bon de me tant expliquer. Allons, Florimond, levez-vous, laissez-là cette jeune personne, et faites sonner le boute-selle.

Le trompette avait la moitié d'un fromage entre les deux joues; comme il savait que son jeune officier ne plaisantait pas, il s'empressa d'avaler, et fit retentir le château des sons guerriers de son instrument. Tous les hommes d'armes parurent les uns après les autres. On s'empressa, et l'on eut bientôt fini de mettre les morts dans un étang voisin. On rétablit la porte tant bien que mal avec des madriers. A la demande expresse du vieux Cornisse, qui voulait rester seul avec son intendant et ses domestiques, on mit dehors les femmes de chambre de dona Carmen. Enfin après avoir embrassé de grand cœur un homme qui venait, en un tour de main, de lui donner vingt mille livres de rentes, notre brave baron monta sur son cheval, et, s'étant mis à la tête de ses gens, s'éloigna, et reprit la route par laquelle il était venu pour continuer à battre le pays.

Je ne tiendrai pas registre de ses exploits. Ils furent grands, je n'en doute pas, mais je ne les connais point d'une manière détaillée. Il tint la campagne pendant quelques jours, enleva de petits convois, battit des partis ennemis de force à peu près égale à la sienne et mit le feu à quelques villages. C'était ainsi que dans ce temps là on faisait la guerre, et j'imagine que la méthode n'a pas beaucoup changé. La seule circonstance relative à notre histoire qui se rencontra parmi ses triomphes, fut la prise d'un bourgeois d'Orléans qui, interrogé sur l'état de sa ville, déclara que tout y était sens dessus-dessous par la peur qu'on y avait des entreprises d'un déserteur d'une bravoure sans égale, appelé le cornette Nicolas Belavoir. Ainsi, à Melun, le pauvre Nicolas était tenu pour un mangeur d'enfans des plus voraces; à Orléans, on le considérait comme un enfonceur de portes fermées. Tous les bons esprits dans l'une et l'autre de ces villes recommandables à tant d'égards, s'accordaient pour le considérer comme un des hommes les plus dangereux du royaume.

Louis fut un peu étonné d'apprendre ces merveilleuses choses sur le compte de son ami; il le connaissait, il savait qu'il n'était pas lâche, tant s'en faut; mais il savait aussi qu'à moins d'un mouvement subit de passion, Nicolas ne pouvait pas passer pour téméraire; il conclut donc de ce qu'il apprenait, qu'un malentendu quelconque lui donnerait bientôt la clef de ces inexplicables récits, et il continua ses courses, envoyant de temps en temps des renseignemens précieux à l'armée royale qui s'avançait tous les jours plus près de Paris, précédée en avant-garde par les bandes huguenotes du roi de Navarre. Partout les armées de la Ligue reculaient.

Une nuit que notre guidon, toujours brûlant de se signaler, et de plus en plus excité par les conseils et les encouragemens de M. de Rambouillet, courait la campagne à son ordinaire avec un parti de chevau-légers navarrais qu'on lui avait donnés à conduire, il arriva devant une auberge qu'il reconnut parfaitement. C'était celle où toute la compagnie que nous savons, jetait les hauts cris autour du corps sanglant de La Mothe-Baranne. Étonné de voir aller et venir des lumières dans cette maison isolée, Louis entra avec toute sa troupe et demanda aux valets d'une voix impérieuse d'où provenait le tumulte qui se faisait dans cette maison.

— Monsieur l'officier, s'écria l'homme des champs d'une voix pleureuse, c'est qu'on vient d'assassiner là haut un jeune gentilhomme !

— Vous avez sans doute laissé échapper l'assassin, drôles que vous êtes! dit Louis en sautant à bas de cheval.

— Oui, monsieur. Hi! hi! hi! quel malheur!

— Mes amis, s'écria le jeune guidon en se tournant vers ses hommes, ne laissez sortir âme qui vive de cette maison. Puisque la Providence nous a amenés ici, nous allons y faire bonne et prompte justice, et à défaut d'avocats, trouver des potences!

— Voilà, dit Belavoir qui entendit ces maximes farouches, une manière de procéder un peu vive; mais si je ne me trompe, je connais cette voix là!... Ah! grands dieux! est-il vrai! c'est monsieur le baron! c'est mon cher monsieur le baron! c'est ce grand monsieur le baron!

L'hôte, l'hôtesse et sa fille élevèrent les mains et les yeux au ciel dans un transport de joie, et répétèrent en chœur : c'est monsieur le baron!

— Cornette Nicolas Belavoir, embrassez-moi, des hommes de guerre tels que nous sont faits pour s'estimer!

— Ce n'est pas le moment de rire; mon pauvre élève, dit Nicolas, regardez ce gentilhomme qui n'a plus qu'un souffle de vie. C'est votre pauvre cousin.

Louis s'empressa d'approcher du lit sur lequel on transportait à ce moment le blessé qui reprenait quelque connaissance.

— Monsieur, lui dit-il, en quel état vous trouvez-vous!

Le blessé ne répondit pas. Il regardait avec étonnement tout ce monde pressé autour de lui. Le prudent Nicolas comprit que cette foule d'indifférens fatiguait le malade.

— Allons, dit-il, éloignez-vous. Monseigneur, emmenez dona Carmen, je vous prie! Le moment où nous aurons besoin de vous et d'elle ne viendra peut-être que trop tôt.

— Vous êtes un insolent! s'écria monseigneur animé par l'éclair qui sortit des beaux yeux de dona Carmen, et je vous châtierai comme un laquais.

— Holà! s'écria Louis, on manque de respect à monsieur le cornette! Je proteste qu'il est mon ami et que je ne souffrirai pas qu'on lui parle de la sorte. Sortez, vous à qui il ordonne de sortir, et pesez bien ses paroles, car il a dit la vérité, et dans un instant vous aurez affaire à la justice du Roi dont je suis l'officier.

Tout le monde s'étant retiré, Nicolas, resté seul avec Louis et François, se pencha sur le malade et lui dit quel était ce jeune homme qui était là devant lui, et quels liens de parenté les unissaient.

François témoigna, par un faible sourire, qu'il n'apprenait pas cette nouvelle sans quelque joie, et tendant la main au jeune guidon, il lui fit signe de se pencher vers lui.

— Mon cousin, dit alors le blessé d'une voix basse et tremblante, profitez de l'état auquel vous me voyez réduit et évitez de tomber dans les erreurs qui ont amené ma perte. J'entends dire beaucoup de bien de vous; soyez toujours digne du nom que vous portez, plus digne que je ne l'ai été moi-même.

— Vous vous fatiguez, mon cousin, murmura Louis frappé d'une extrême pitié, et ce que vous me dites vous attriste inutilement.

— Vous avez raison, monsieur, reprit le blessé, d'autant plus que je voudrais vous parler de choses plus essentielles. Mais où va donc Belavoir?

En effet, Belavoir sortait sur la pointe du pied. Il fit signe de la main qu'on ne prît pas garde à lui, et comme le moment était très-solennel et que peut-être il ne devait pas être très-long, Louis invita son cousin à lui donner ses ordres.

— Je vous prie, lui dit-il, de croire qu'au cas où un malheur qu'il faut espérer encore bien loin de vous, arriverait, je vous obéirai comme je le ferais à mon père. Ainsi, parlez-moi en toute confiance et comme à un parent qui sait ce qu'il doit à son parent.

Sans doute, vous allez me parler de votre juste vengeance? soyez sûr qu'elle ne sera pas négligée.

— Non, ce n'est pas à cela que je songe, répondit le blessé ; je vous conjure, au contraire, par cette amitié que vous me montrez au moment de la mort, par tous les bons sentimens que vous avez, de ne jamais poursuivre personne pour le crime qui a été commis envers moi. Considérez, comme je le fais moi-même, que cet assassinat n'est que la juste punition de mes fautes, et que le regret que je puis éprouver de mourir si jeune et d'une manière si terrible est un grand bien, puisqu'il contribuera sans doute à fléchir la justice céleste en ma faveur.

Qu'on se figure cette grande chambre d'auberge, froide, nue, éclairée par une seule chandelle, dont la mèche énorme enlevait presque toute clarté ; qu'on imagine ce blessé à demi-déshabillé, couché sur le lit sanglant, pâle, et tenant dans ses mains les mains d'un jeune officier, on aura l'idée du tableau sinistre qui s'offrait alors aux yeux du baron.

Il écoutait son cousin avec attention, avec attendrissement, et le souvenir des écarts de ce cavalier faisant place, en son âme, à l'admiration que lui inspirait la puissance de son repentir.

Après un moment de repos nécessité par la fatigue, François reprit :

— Quand je serai mort, allez trouver ma mère et racontez-lui, ainsi qu'au seigneur mon père, ce que vous voyez de mes derniers momens. Dites-leur que mon plus grand chagrin est de mourir sans le secours d'un prêtre pour me réconcilier avec le ciel, et que surtout le crime que je ne peux me figurer qui me soit jamais pardonné, c'est de les avoir offensés. Je vous prie aussi de protéger cette dame qui est ici...

Ici la voix du seigneur François devint plus faible encore, et ce ne fut qu'avec la plus grande peine que Louis parvint à entendre ce qu'il disait :

— Il faudra protéger cette dame et surtout lui demander, moins qu'à personne, compte de ma misérable fin. J'ai appris qu'un grand prince, qui doit s'intéresser à elle ne peut être maintenant bien éloigné de ce canton; je vous prie de ne pas la mener directement sous ses yeux; les serviteurs de ce prince, j'entends les meilleurs, ont eu assez de chagrin d'une liaison qui ne pouvait contribuer à l'avantage de la bonne cause. Ce que je vous prie de faire, c'est d'aller trouver M. de Rosny de ma part; vous lui direz que je suis mort...

— Vous ne l'êtes pas encore, dit Louis.

— Cela ne tardera pas, je pense; mais n'importe! vous lui direz que je suis mort, que cette dame qui était confiée à ma garde est accouchée d'un fils, et que ce fils est mort en naissant. Vous le direz, n'est-ce pas, car c'est la pure vérité, et la lettre que dona Carmen a écrite, il y a un mois, et dans laquelle elle disait le contraire, était une fausseté à laquelle, hélas! je prêtais les mains. Vous direz ce qui est, n'est-ce pas?

— Je le dirai, mon cousin; cessez de vous agiter ainsi. Tout, d'ailleurs, ira mieux que vous ne le croyez, j'en ai la conviction.

Le mourant laissa retomber sur l'oreiller sa tête, qu'il avait soulevée un instant et ferma les yeux. Louis le crut mort. Dans ce moment, Belavoir rentra dans la chambre suivi d'un des chevau-légers du baron.

— Tout est fini, dit Louis à voix basse ; il a fermé les yeux.

— Vous désespérez bien promptement des gens, répondit Belavoir. J'espère que les choses n'auront pas été si vite. Allons, mon brave, en besogne, et tu seras bien payé.

— De quoi s'agit-il ? que viens-tu faire ici, Jacques ? demanda le jeune homme.

— Monsieur, répondit le soldat, ce respectable gentilhomme (le lecteur se souvient sans doute que Belavoir portait toujours son fameux justaucorps de velours bleu de ciel), est venu dans la cour nous demander si, parmi nous, il était quelque chirurgien. Je le suis un peu pour avoir servi dans ma jeunesse maître Ambroise Paré. Si la plaie qu'il faut guérir n'est pas trop dangereuse, j'en viendrai à bout tout comme un autre.

— Allons donc, mon ami, à l'œuvre, dit Louis avec empressement, et, pour te donner du cœur, aie bien présent à l'esprit que si tu sauves ce malade, il y a mille louis de récompense pour toi.

— Peste, monsieur, dit le soldat, je voudrais à ce prix sauver le grand diable d'enfer, s'il était en danger. Mais apportez-moi la lumière que je la mouche, et laissez-moi examiner la plaie.

Le soldat, retroussa ses manches, et, pour débuter, acheva, doucement, aidé de Louis et de Belavoir, de dépouiller le seigneur François de ses vêtemens, puis il demanda de l'eau tiède.

Il s'établit aussitôt un mouvement aussi silencieux que possible de la chambre du blessé à celle de l'hôtesse, où Madelon et Toinon se mirent, avec un zèle qui faisait honneur à leur serviabilité, à confectionner des bandes, des compresses, de la charpie, etc., etc.

Au plus fort des soins que l'on donnait à l'infortuné blessé, dona Carmen, suivie de monseigneur, se présenta dans la cour. Ses gens étaient assis sur des bancs; il faisait petit jour, et l'on causait du tragique événement de la nuit.

— Fainéans que vous êtes! cria l'Espagnole à ses valets, amenez mes chevaux, sellez-les! bridez-les! et partons; nous n'avons que faire ici!

Les domestiques s'entre-regardèrent en souriant, et le majordome osa dire :

— Madame, il nous est défendu d'obéir à votre Excellence, et nous ne sommes pas les plus forts!

— Mais oubliez-vous donc, fripons, cria la dame, que je suis femme à vous faire pendre tous! que j'ai du pouvoir et de grandes richesses, que je suis d'une maison illustre et que j'ai donné le jour à un prince ?

— Il est mort, dit un des laquais.

— Misérable! s'écria dona Carmen. Venez, monsieur de Tranchille, puisque nous n'avons affaire qu'à des lâches, partons seuls !

— Madame, s'écria le vieux galant, mon dévoûment pour vous est inaltérable ! Puisque vous le voulez ainsi, passons ! malheur à celui qui tenterait de nous arrêter !

En parlant ainsi, monseigneur mit au vent sa courageuse épée et s'avança vers la porte, précédant de trois pas seulement madame de Sylva, qui marchait comme une impératrice. A la porte étaient en faction deux chevau-légers qui croisèrent leurs piques et prononcèrent en même temps, d'une voix rauque et terrible, cette rude formule sacramentelle :

— On ne passe pas!

Monseigneur voulut s'emporter; un des soldats lui dit :

— Si tu me touches de ta vieille latte, je te couche par terre!

La dispute allait s'échauffer, mais Belavoir parut à une croisée :

— Oserais-je, madame et monseigneur, s'écria-t-il, oserais-je vous prier de remonter pour entendre quelques mots intéressans que M. le baron de La Mothe-Baranne a à vous communiquer?

— Malgré votre juste indignation, dit monseigneur, il faut monter, madame, sans quoi ces gens sont capables de nous faire un mauvais parti; mais s'il faut périr, je périrai pour vous sauver l'ombre d'une peine.

XLIX.

Louis fait la conversation avec une dame, et il apporte une si bonne nouvelle, qu'on ne peut moins faire que de le récompenser dignement.

Qu'il était beau, monseigneur, lorsqu'il prononça ces magnanimes paroles ! Il semblait voir un vieux mais généreux coursier s'animant pour la dernière fois peut-être, faisant une courbette, et se présentant de lui-même à l'entrée d'une lice réservée à de plus jeunes concurrens. C'était, en toute sincérité de cœur que ce vieux galant offrait l'aide de son bras et l'hommage de sa vie à la dame qui enflammait ses pensées. Oui, qui enflammait ses pensées! Monseigneur (en médira qui voudra!) n'était pas si loin du jeune âge qu'il n'en sentît encore les feux! Il était amoureux à outrance, et ne pensait pas plus à sa femme que si elle n'eût jamais existé. Si quelques personnes trouvent mauvaise cette passion surannée, j'en viendrai aux explications. Dona Carmen avait fait tout ce qu'elle avait pu pour exciter l'étincelle vivant encore au fond du cœur de ce vieillard. Elle s'était imaginée qu'elle pouvait avoir besoin d'un défenseur ou d'un complice, et n'ayant que monseigneur sous la main, elle l'avait pris, faute de mieux. Ah! si elle avait cru pouvoir réussir sur l'imagination de Belavoir, elle n'eût pas regardé à quelques agaceries pour conquérir le dévoûment du pauvre garçon; mais dès les premiers momens de leur connaissance, elle avait compris que c'était un homme incorruptible, incapable de se laisser aveugler, qui d'ailleurs, éprouvant une sorte de fétichisme pour le nom de La Mothe-Baranne, ne pouvait, sous aucun prétexte, être amené à se poser en antagoniste du seigneur François. Il avait donc fallu se contenter du vieux monseigneur.

C'était bien peu de chose; c'était un bien mince secours pour les grandes entreprises que madame de Sylva n'avait pas encore renoncé à poursuivre. Celui-là se tromperait fort, qui croirait que les déclarations faites au château de Cornisse, que le repentir de La Mothe-Baranne, que l'entêtement de Barbette à ne pas vouloir se séparer de son enfant retrouvé, enfin que l'intervention de Belavoir avaient abattu ce fier courage et tué toutes ses espérances ambitieuses. Dona Carmen était de cette race de convoiteux qui ne renoncent à leur but qu'avec la vie. Elle avait su jadis arracher d'un amant illustre, mais un peu faible pour les objets assez nombreux de ses volages tendresses, la promesse d'un duché. L'enfant, le fils dont la naissance devait rendre certaine la possession de cette faveur, avait commis la faute immense de se laisser mourir. Était-ce une raison pour que sa mère ne fût pas duchesse? Plus les difficultés augmentaient, plus dona Carmen s'exaspérait. La rage l'avait poussée hors de toute mesure, nous savons ce qu'elle a fait et ce qu'elle a obtenu de Saint-Gaudens.

Malheureusement les choses ne se sont pas passées tout-à-fait comme elle l'avait espéré. La vigilance de Belavoir a découvert à demi qu'elle n'était pas étrangère au crime de l'Ordinaire, et le hasard a conduit dans l'auberge des vengeurs au moment où elle s'y attendait le moins. Maintenant forcée de répondre de sa conduite et, si j'ose le dire, muselée, sa fierté n'est point abattue et elle paraît devant le jeune guidon et notre ami Nicolas avec des yeux aussi superbes, un air aussi impérieux que s'il s'agissait, pour elle, de donner des ordres et non pas de répondre à une sanglante accusation.

Je ne crois pas que Cicéron eût jamais eu l'honneur d'être lu par dona Carmen; c'était par pur instinct qu'elle savait le mérite des exordes *ab irato* que l'orateur romain lui-même avait, sans doute, appris de sa femme.

— Que signifient ces procédés? s'écria dona Carmen d'une voix stridente; depuis quand un gentilhomme, un militaire fait-il comparaître une femme devant lui au lieu de se rendre auprès d'elle et de solliciter ses ordres? Savez-vous bien, monsieur le guidon, à qui je pourrais me plaindre de vos façons d'agir? De plus grands que vous s'honorent de plier le genou devant moi, et il m'est arrivé en me jouant de briser d'un seul mot des résistances plus puissantes que les vôtres. Allons, monsieur! mettons fin à ce jeu qui me désoblige, je suis bien aise, et il est temps de vous le dire! Laissez-moi partir d'ici avec mes gens et les personnes de ma suite. Croirez-vous bien que vos soldats ont eu l'insolence de me refuser la sortie? J'aime à penser qu'ils ont agi sans vos ordres, et je veux bien ne pas vous en accuser, mais que tout cela finisse, car je pourrais à la fin donner carrière à mon juste ressentiment! Vous m'avez entendue?

— Fort bien, dit Belavoir. Qu'en pensez-vous? ajouta-t-il en se retournant vers Louis.

Le baron était confondu du torrent d'éloquence qui venait de s'échapper des lèvres de sa belle antagoniste. L'indignation qu'il éprouvait du crime commis sur son cousin fut un instant oubliée par l'étonnement que lui causa l'aplomb de la coupable. On sait qu'il n'était pas depuis longtemps dans le monde, et il était loin encore d'avoir appris à ne plus s'étonner de l'audace et à ne pas rougir lui-même devant le front d'airain que savent se faire les plus coupables.

Pour échapper à son émotion, il ne trouva d'autre moyen que de se mettre en colère.

— Pardieu, madame, s'écria-t-il à son tour, vous le prenez sur un ton plaisant!

Croyez-vous donc que je ne sache pas le beau coup que vous avez fait cette nuit? Le gentilhomme assassiné par vos ordres est mon cousin, et porte le même nom que moi; si vous ne le savez pas, je vous l'apprends!

— Que m'importe tout ceci? répliqua dona Carmen avec dédain.

— Il vous importe extrêmement, et je vous annonce que vous êtes ma prisonnière. Vous ne ferez pas un pas sans moi, et je vous servirai non d'escorte, entendez-vous bien, mais de garde!

— Allons, mon cher monsieur, vous plaisantez. Je vois à votre écharpe que vous êtes royaliste, et vous n'oseriez pas m'insulter, trop sûr qu'avant peu de jours je serais vengée d'une manière éclatante. Demandez à vos gens s'ils n'ont pas entendu parler de moi! ils vous diront tous qu'on ne m'offense pas impunément.

— Silence! s'écria La Mothe-Baranne impatienté et frappant du pied; vous me faites oublier, madame, ce que je dois à votre sexe. Vous dites que je n'ai pas assez d'égards pour vous? Je suis bien aise de vous faire remarquer que si tout autre personne que vous, homme ou femme, eût commis l'abominable action que vous avez faite, je ne me donnerais pas la peine de la conduire au camp royal, encore moins à celui du roi de Navarre; je la ferais fusiller sur-le-champ derrière cette muraille!

Dona Carmen pâlit un peu. Louis perdait toute mesure, et montrant qu'il était jeune, s'emportait au-delà de ce qu'il avait voulu lui-même. Belavoir lui toucha le coude et lui fit de gros yeux pour l'engager à se modérer. Mais, monseigneur furieux de voir autant maltraiter sa belle et hors de lui comme un mouton mordu par quelqu'animal hydrophobe s'avança d'un pas, se mit devant dona Carmen et en grinçant des dents (j'entends des huit qui lui restaient, six en bas et deux en haut), il se mit en devoir de faire une abominable tirade ; mais Belavoir lui saisissant le bras, le força de faire un quart de conversion de son côté.

— Voilà, lui dit-il, monsieur, plusieurs jours que nous voyageons ensemble, et je n'ai pas encore eu le temps de vous dire ce que je pense de votre mérite. N'êtes-vous pas le gouverneur de Melun?

— Oui, certes, monsieur, je le suis, et si vous et moi nous nous regardions de cette manière sur la place de ma bonne ville, il se passerait peu de temps avant que maître Eustache Maillot ne vous eût sous sa coupe.

— Il n'y a pas de danger que j'aille jamais à Melun, répartit le rancunier Nicolas, et à cette occasion, je vous dirai que vous avez fait courir sur mon compte des bruits qui ne me conviennent pas. Vous prétendez, monsieur, que j'ai volé cinq enfans et que je les ai cachés dans mon estomac, sans doute? Ces bavardages me déplaisent, monsieur, et la première fois que j'en entendrai parler, je m'occuperai de vous!

— Monsieur, je ne me querelle qu'avec des hommes de mon rang!

— Libre à vous, monsieur, mais si vous querellez, monsieur le baron, comme il n'est pas encore d'âge à se battre avec vous et que je n'en suis pas digne, je me contenterai de vous attacher les mains, pour que vous n'ennuyiez personne, et de vous bâillonner!

— Allons, finissons-en! dit Louis; madame et vous, monsieur, voilà qu'on amène vos chevaux dans la cour, vous allez me suivre! Et ne murmurez pas, ce serait fort inutile. Dans quelques heures, vous serez livrés à la justice, et il sera fait de vous ce que M. le grand-prévôt jugera convenable. Voilà ce que je voulais vous dire.

A ces mots, Louis sortit de la chambre suivi de Belavoir. Il n'y eut pas à faire de résistance ; deux chevau-légers entrèrent au bout d'un moment et ordonnèrent à dona Carmen et à son fidèle serviteur de descendre. Le courage de la belle Espagnole resta haut; mais il fallut obéir; quant à monseigneur, il était très-abattu. Dans la cour était le détachement de chevau-légers que commandait Louis; ce brave guidon était déjà à cheval et serrait la main de Belavoir resté à pied.

— Adieu, lui disait le baron, fais tout ce dont nous sommes convenus, et aussitôt que mon devoir me le permettra, nous nous reverrons.

— Soyez sans inquiétude, mon bon maître, dit Belavoir avec les larmes aux yeux; ménagez-vous, ne vous exposez pas et laissez-moi espérer que le pauvre saltimbanque vous verra couvert de gloire et d'honneurs.

— Renouvelle à Barbette tous mes adieux, reprit Louis.

— Je n'y manquerai pas, mais partez, le temps presse, et souvenez-vous toujours que le devoir doit passer avant tout. J'ai, d'ailleurs, besoin de déjeûner, et tant que vous serez là, je n'en pourrai prendre le temps. Brillache! portez mon déjeûner dans la salle!

Louis s'éloigna emmenant ses deux prisonniers; car il ne voulait pas absolument manquer d'égards à dona Carmen, malgré la haine qu'il ressentait pour elle. Il ne put s'empêcher de se retourner en arrière quand il fut sorti de la cour, et il vit à une fenêtre

Belavoir et Barbette. Il eût désiré que sa maîtresse lui eût fait de son mouchoir un signe d'adieu; mais il comprit que l'austère sauteur, qui avait des idées de pruderie très-particulières, s'y opposait sans doute; il le crut d'autant mieux que Belavoir prit une serviette et fit tous les signes les plus tendres. Louis leva les épaules, mais ne put s'empêcher de sourire et continua sa route.

Cependant Belavoir avait été rejoindre sa mère.

— Ma mère, lui dit-il, puisque vous avez eu le bonheur de retrouver votre fils premier-né, il faut faire quelque chose pour lui.

— Je ne demande pas mieux, dit l'hôtesse, et mon mari, à qui je viens de raconter ce qui arrive, n'est pas moins bien disposé que moi en ta faveur. C'est un brave homme qui m'a rendue fort heureuse et qui mérite de ta part plus de respect que M. Sibilot.

— Ne médisons pas de ce vieillard, ma mère; croyez-moi, c'est, après tout, un homme remarquable. Je disais donc qu'il fallait faire quelque chose pour moi, et puisque vous vous en sentez capable, ainsi que votre brave homme de mari, il ne faut pas me demander de solder ma dépense, attendu que je n'ai plus guère d'argent.

— Cela va sans dire, mon ami, répondit l'hôtesse.

— Je voudrais aussi que vous exemptiez de cette formalité gênante mon domestique Brillache, que je n'ai pas l'habitude, d'ailleurs de nourrir, attendu qu'il est plus riche que moi; M. de La Mothe-Baranne, à qui on ne peut raisonnablement parler d'affaires en ce moment, et cette jeune dame, que vous ne sauriez entourer de trop de respects, madame Barbette Gorgebut, veuve d'un gentilhomme de Melun, grand coquin de son vivant, mais qui a su mourir si à propos, que ce trait généreux suffit pour effacer toute ses fautes.

— Voilà bien de l'argent que tu me tires de la poche, dit l'hôtesse en soupirant; mais peu importe; je n'ai rien à te refuser. Pourtant, quand tu viendras nous voir, n'amène pas avec toi une si grande suite. Je te dirai entre autres que ton valet Brillache me fait l'effet d'un fameux paresseux; il ne doit pas te rendre grand service.

— Il ne me sert à rien; c'est un domestique de luxe, mais je vais le renvoyer à Melun. Je n'ai pas fini mes demandes. Il me faudrait un brancard et deux bons chevaux pour transporter mon blessé.

— Tu me ruines! s'écria l'hôtesse en frémissant.

— Vous vous trompez; je vous enrichis, vous serez payée loyalement et qui plus est grassement.

— Allons, prends ce que tu voudras, dit la bonne femme en embrassant son fils; on ne retrouve pas tous les jours un beau garçon comme toi.

— C'est qu'il est rare aussi de les laisser perdre.

Après cette réflexion un peu sarcastique, Belavoir se mit à l'œuvre pour emmener tout son monde, et il déploya tant d'activité et de zèle, que quelques heures après le départ du baron, son gouverneur se mettait en route avec Barbette, le blessé, Brillache et deux bons paysans destinés à servir de guides, et se dirigeait par des chemins détournés, et par conséquent moins exposés aux entreprises des maraudeurs, vers le château de la Buette. Maintenant il faut que nous retournions auprès du détachement de chevau-légers.

Cette troupe leste et fringante marchait au pas relevé des chevaux sur des prairies vastes et étendues que la gelée nocturne avait recouvertes d'un léger grésil et que le soleil du matin avait déjà aux trois quarts débarrassées d'un brouillard assez transparent. Les deux prisonniers, après avoir essayé quelque temps de haranguer et de convertir le guidon, avaient pris le parti de se quereller entre eux, j'entends que dona Carmen avait querellé monseigneur, puis le silence s'était fait. Avec le silence, des réflexions assez tristes étaient venues, et pour la première fois, la dame avait commencé à comprendre que sa position offrait bien quelques difficultés. Cette conviction qui s'établissait dans son cœur n'était pourtant pas capable d'en rompre l'orgueil immense, mais elle y portait une vapeur de désespoir dont les âmes énergiques connaissent seules les horreurs.

Vers midi, le soleil étant haut sur l'horizon, un des soldats s'écria :

— Voyez, monsieur, ce qui brille là bas? ce sont des lances, ou je me trompe fort!

— En effet, dit Louis après avoir regardé un instant, ce sont des lances et même en bon nombre. Holà! Pichu, pousse à ce mamelon et reviens nous dire promptement si tu découvres la couleur des enseignes, car je ne me soucierais pas de tomber au milieu de l'armée de M. de Mayenne et de me faire prendre.

Pichu, qui était garçon intelligent et qui comprenait l'intérêt de ne pas se faire prendre, poussa au galop jusqu'au but que lui indiquait son officier, et ayant regardé quelques temps à tous les coins de l'horizon, revint bientôt en jetant de grands cris et en faisant sauter sa lance au-dessus de sa tête, pour marque d'allégresse.

— Monsieur, s'écria-t-il quand il fut à distance d'être entendu, ce sont nos deux armées qui s'avancent; les royaux sont à droite, les huguenots sont à gauche! Les troupes sont déployées en belle ordonnance de bataille et s'avancent vers le nord.

Au bout d'un instant, Louis comprit ce que faisaient les deux armées; évidemment elles marchaient au-devant de l'ennemi, dont lui, pouvait donner des nouvelles. Il fit presser le pas.

Au bout d'une heure il avait dépassé les coureurs et il tomba droit sur un escadron huguenot.

— Ho! hé! La Mothe-Baranne! lui cria une voix très-connue, vous passez bien fier!

— Monsieur d'Aubigné! mille saluts!

— D'où venez-vous? avez-vous rencontré l'ennemi?

— Non; et vous le trouverez encore moins que moi; il se retire grand train et de tous côtés, tire à lui ses troupes et reprend le chemin de Paris. Je vous apporte la nouvelle que M. de Longueville et le brave La Noue ont fait à Senlis une superbe déconfiture de Ligueurs.

— Parlez-moi de La Mothe-Baranne, s'écria le capitaine huguenot, qui avait décidément pris pour Louis un goût véritable; il sait toujours trouver de bonnes nouvelles. Ah! voilà MM. de Rosny et de Turenne! Bonjour, messieurs!

— La Mothe-Baranne, dit M. de Rosny, qui diable nous amenez-vous là? Est-ce que par hasard vous marcheriez sur les traces de votre cousin? Si je n'ai pas la berlue, c'est madame de Sylva! suivie d'un vieux singe, que vous tirez à votre suite?

— Peste! madame de Sylva! s'écria d'Aubigné, je croyais que nous ne devions plus en entendre parler? Où avez-vous fait cette trouvaille?

Louis s'empressa de raconter aux trois capitaines ce qu'il savait de la dame, de son ambition, de ses projets, et il conclut par le récit de l'assassinat de son malheureux cousin.

— Il ne faut pas que cette dame soit vue de quelqu'un que nous savons, reprit d'Aubigné. Elle est intrigante en diable et pourrait vous faire un tort irréparable ainsi qu'à nous, qu'elle dit ne pas être de ses amis. Pour ce qui est de la faire punir du meurtre de son écuyer, n'y pensez pas; elle est encore trop protégée par un auguste souvenir; tout ce que nous tirerons de cette mésaventure, c'est qu'on n'osera pas la faire reparaître à la cour, et que ce sera une Circé, une Mélusine, une magicienne de moins pour troubler un jugement qui serait le plus droit de la chrétienté, s'il ne se mettait quelquefois sous les coiffes des belles dames. Allons, faites cheminer vos gens vers les derrières de l'armée, que le Roi ne sache rien de tout ceci avant que l'aventure de votre cousin ne lui ait tinté aux oreilles. Je ne suis pas si hardi que d'aller parler à votre amazone, qui autrefois a déjà failli m'arracher un œil.

Louis goûta le conseil de d'Aubigné. Il donna ses instructions à son sergent, et madame de Sylva fut envoyée avec les bagages, malgré ses réclamations, ses lamentations, ses menaces. Elle y fut envoyée et bien recommandée à l'officier commandant qui eut de la main de M. de Rosny un petit billet fort péremptoire, portant défense de laisser personne approcher de doña Carmen, ni de son vieux écuyer, car monseigneur poussa le zèle jusqu'à cacher son nom et sa qualité pour ne pas être séparé de son étoile.

Cependant La Mothe-Baranne et les seigneurs auprès desquels il s'était arrêté continuaient leur conversation tout en cheminant à la tête de l'escadron de reîtres que commandait d'Aubigné, lorsqu'une troupe de cavaliers qui parcourait tout le front de l'armée arriva de leur côté.

— Ce sont les Rois! s'écria M. de Turenne.

En effet, c'étaient eux. Tous les soldats criaient, les tambours battaient, les trompettes sonnaient, les étendards s'agitaient sur le passage de leurs majestés.

— Diable! c'est un beau spectacle, dit Louis.

Pour la première fois depuis bien des années, le soleil de ce jour voyait le Roi de France et de Pologne ensemble sous les armes ; quant au Roi de Navarre, ce n'était pas merveille ; ce qui eût été étonnant, vraiment étonnant, c'eût été de le voir en pourpoint de soie et d'or non troué aux coudes.

Henri III avait-très bon visage ; il souriait à tout le monde et paraissait fier et heureux ; il dirigeait en cavalier hardi et expérimenté le beau cheval barbe sur lequel il était monté et qui, tout écumant, et harnaché de pourpre et d'argent, caracolait sous lui ; il était armé d'une cuirasse d'acier, damasquinée richement en or avec les tassettes des brassards et des cuissards ciselées d'une manière admirable. Sa tête n'était pas couverte d'un casque, mais seulement d'un chapeau de feutre gris garni de plumes rouges et blanches et entouré d'un cordon de perles et de rubis qui pouvait valoir dix mille écus. Le Roi de France portait une écharpe blanche pour faire honneur à son beau-frère et allié.

— Sire, s'écria d'Aubigné en s'approchant familièrement du roi de Navarre, voulez-vous une bonne nouvelle?

— Nous en sommes avides, monsieur d'Aubigné, répondit vivement Henri III en riant, quoiqu'en vérité depuis que le ciel m'a fait la faveur de me rendre l'appui de mon bon frère, nous ne manquions pas de bonheur.

— Voilà un gentilhomme, s'écria Rosny, qui vient de nous apprendre que La Noue a battu les ligueurs à Senlis.

Cette nouvelle excita un murmure de joie dans la suite des deux monarques. Tous les seigneurs et tous les gentilshommes qui étaient là présens élevèrent leurs chapeaux en l'air et agitèrent leurs panaches. C'était un spectacle d'une beauté vraiment mâle et guerrière.

— C'est vous, dit Henri III à La Mothe-Baranne, qui apportez cet heureux message?

— Oui, sire; et avec la permission de Votre Majesté, j'irai servir sous les ordres de M. de La Noue, qui est plus près du danger ; car vous ne rencontrerez plus le duc de Mayenne qu'à Paris; son armée vous fuit d'un pas plus pressé que la retraite.

— Je vous connais, dit le Roi en souriant : Rambouillet m'a parlé de vous; vous êtes un fidèle sujet et un homme intelligent.

— C'est un petit gaillard qui ne demande que du chemin pour bien marcher, dit d'Aubigné que la présence des rois n'intimidait guères.

— Quoi! reprit le Roi, non-seulement Rambouillet, mais encore d'Aubigné vous protége ! En vérité, vous êtes né coiffé, et pour vous montrer le cas que je fais de la recommandation de mes bons amis huguenots, je vous donne la première compagnie de gens de pied qui viendra à être vacante. Allons, messieurs, que la bonne nouvelle d'aujourd'hui soit répandue dans toute l'armée ! que tout le monde partage la joie qui m'anime !

— Avant quinze jours, Votre Majesté couchera au Louvre, dit le roi de Navarre.

— Je le pense bien ainsi, répondit Henri III, mais ce sera grâce à vous, mon frère !

L.

Compte-rendu général et conclusion de la présente histoire.

Un an environ après les événemens qui viennent d'être racontés dans le chapitre qui précède, le cours des catastrophes politiques avait éloigné les espérances de paix que le découragement de la Ligue et les victoires des deux rois avaient fait concevoir à tous les bons Français, à tous les bourgeois désireux de conserver leurs écus, à tous les gentillâtres qui supportaient impatiemment le service.

Le roi Henri III avait été assassiné à Saint-Cloud par frère Jacques Clément, ou, pour parler le langage des Parisiens de cette époque, par *saint Jacques Clément*, dont le généreux martyre était sans doute récompensé au ciel par des honneurs et des bonheurs que le prieur des Jacobins, Edme Bourgoin, premier instigateur du régicide, avait trouvé à propos de déclarer supérieurs à ceux des apôtres et des patriarches. Un grand nombre de seigneurs catholiques, et entr'autres le duc d'Épernon et M. de Bellegarde, avaient laissé Henri IV se débattre avec ses ennemis, et une bonne partie de la noblesse du royaume, indécise entre la qualité de roi légitime et celle de prince hérétique, ne savait de quel côté elle devait pencher, et s'il valait mieux courir le risque de recevoir un roi de la main de Philippe II d'Espagne, ou obéir à un souverain excommunié par le Pape. On voit que les élémens de discussion ne manquaient pas; aussi en usait-on. D'un bout du royaume à l'autre on se battait; chacun inventait un biais pour sortir de la difficulté, et puis on négociait, puis on se trompait, puis on s'injuriait; à aucune époque de notre histoire, on n'a écrit tant de libelles, tant de satyres, tant de pamphlets; les gros livres latins et français ne manquaient pas non plus, dans lesquels on argumentait plus ou moins sérieusement, chacun prenant pour sa thèse des raisons partout où il pouvait, dans la généalogie, dans le droit romain, dans le droit barbare ou dans le droit canon qu'Henri IV ne détestait pas, en tant, toutefois, qu'on lui passait le jeu de mots. De sorte que la paix si ardemment désirée ne venait point, et que les écharpes vertes et les écharpes blanches continuaient à courir les champs et à se faire autant de mal qu'elles pouvaient. Il n'y avait qu'une seule espèce de personnes qui gagnât quelque chose à tout ce remue-ménage; c'étaient les militaires qui, à force de souffler et de suer sous le harnais, finissaient toujours, pour peu qu'ils eussent un ami en cour, par grimper d'un grade à l'autre, et se pousser dans les dignités de ce monde.

Un jour donc du mois de juin 1590, sur la petite terrasse qui venait d'être récemment construite au château de la Buette, quelques personnes étaient réunies à l'ombre des marronniers. Cette terrasse, peu élevée au-dessus du jardin, n'en dominait pas moins le fossé du parc, présentant à ceux qui longeaient le chemin une belle construction de briques rouges interrompue par des chaînes de pierres de taille.

Les personnes rassemblées sur des bancs rustiques en ce lieu champêtre, sont déjà toutes connues de nous. Il y avait là le seigneur du lieu avec sa grosse face enluminée et son ventre rebondi qui, se révoltant contre l'étreinte du pourpoint, forçait ordinairement son propriétaire à laisser deux boutons en liberté pendant tout le temps que durait la canicule. Auprès du seigneur était madame Thérèse, sa femme, toujours vêtue de noir à la mode du règne de Henri II, à la figure grave, mais aussi pleine de douceur. A côté des deux vieux époux, M. le curé était assis et semblait réfléchir mûrement à quelqu'idée qui l'occupait. Peut-être aussi ne faisait-il que digérer pacifiquement son dîner ; l'heure à laquelle nous faisons notre retour auprès de nos amis, justifierait assez cette opinion, car il est deux heures et la famille sort de table.

Vis-à-vis le banc des vieillards, un autre banc est occupé d'une manière qui donne plus de plaisir aux yeux. Madame Barbette Gorgebut, en grand costume de veuve, regarde en faisant jouer Monsieur son fils qui a près de deux ans, s'il vous en souvient bien, et qui, sans doute mûri par l'expérience que la fortune a départi à ses jeunes années, et formé par les voyages, se roule sur le gazon et met à l'épreuve l'angélique patience d'un gros chien poilu, aux yeux placides et bienveillans, qui partage ses jeux. Madame Barbette a gagné beaucoup, je dois le dire. Cette année, qui vient de s'écouler, a développé sa taille. Elle avait l'air d'une petite fille timide; c'est aujourd'hui une belle personne pleine de dignité, au maintien aussi noble que gracieux, et qu'on ne peut voir sans éprouver un sentiment de respect en même temps que d'admiration. Si l'on se rappelle combien notre jolie amie a montré jusqu'ici dans notre histoire de timidité et d'indécision, on sera bien aise pour elle de ce changement. Entre nous, je ne crois pas qu'il soit venu tout seul; mais sans doute les leçons de madame Thérèse et du curé auront contribué à développer d'une manière convenable une nature qui, pour acquérir des perfections, n'avait, du reste, besoin que d'un guide.

Barbette était charmante. Vêtue en grand deuil, elle portait ses crêpes comme la veuve de La Fontaine. On voyait tout d'abord que les bienséances et non le cœur mettaient en avant tout cet équipage lugubre. Les couleurs de la santé brillaient joyeusement sur ses joues roses et blanches ; ses lèvres ressemblaient à des cerises becquetées par les oiseaux; ses beaux cheveux blonds, que la rigueur de son costume eût voulu repousser sous la coiffe, se mutinaient et montraient leurs boucles épaisses. Il faut bien que le tombeau une fois fermé soit rudement cadenassé en dedans, car autrement, quelle que soit l'opinion que je conserve de maître Guillaume Gorgebut, je ne puis chasser de ma pensée que, si la chose eût été possible, il fût venu en toute hâte réclamer une pareille femme qui était la sienne.

Mais que l'enthousiasme ne nous entraîne pas trop loin, et ne soyons pas injustes ; gardons, je ne dis pas une bonne part, mais la moitié de notre admiration pour cette belle grande personne vêtue d'une robe verte, qui se promène sur la pelouse entre les deux bancs, appuyée sur le bras d'un beau gentilhomme. C'est encore un de nos connaissances anciennes : c'est Mademoiselle Charlotte de La Mothe-Baranne, et, comme le lecteur est perspicace, il a deviné tout d'abord, et sans que je lui aie rien dit, que le chevalier si attentif n'est autre que le cousin de la jeune fille, le seigneur François de La Mothe-Baranne, jadis écuyer du roi de Navarre.

— Mais, dira quelqu'un, il était mourant et j'ai pleuré sa perte douloureuse !

— Grand merci, il va mieux ; sa blessure est guérie depuis six mois.

— Elle n'était donc pas dangereuse ?

— Elle l'était au contraire beaucoup, et c'est un miracle qu'il soit réchappé ; Saint-Gaudens, aujourd'hui dans les Turcs où il s'est fait mahométan, en récompense de quoi il a été créé pacha, n'avait pas l'habitude de manquer son coup ; cependant que voulez-vous ? on n'est pas tous les jours heureux; il avait traversé le seigneur François de part en part, mais il avait mal pris ses dimensions, de sorte que le mort est ressuscité, et ce n'est pas un petit bonheur, car depuis long-temps je méditais sournoisement, et à l'insu de plusieurs lecteurs, (les gens qui devinent sont insupportables aux auteurs!) d'en faire le mari de ma pauvre Charlotte que, sans cela, je n'aurais su évidemment comment pourvoir, à moins de la marier au vieux Cornisse.

J'entends qu'on me murmure encore des observations.

Sans doute, je le sais; le seigneur François était fort amoureux de dona Carmen. Hé bien! chose étonnante, il ne l'est plus, c'est le premier amant, qui, de mémoire d'homme, soit devenu infidèle, mais tel qu'il est je vous le donne, il est infidèle; il est vrai que dona Carmen ne pense non plus guère à lui. Grâce aux soins de d'Aubigné et de M. de Rosny, éloignée de l'auguste personne qu'elle aurait pu captiver encore, elle a regagné ses montagnes espagnoles, emportant de France comme dépouilles opimes, le vieux monseigneur qui avec un zèle de caniche a été s'enterrer avec elle dans son château, et qui a eu la douleur de la voir épouser, un an après, un antique descendant de Pélage, riche de trente ducats de rente, mais fort jaloux et qui l'a mis à la porte. Monseigneur est revenu au sein de sa patrie, il a voulu revoir Paris et la première personne qu'il a rencontrée devant le Louvre, c'est madame la comtesse sa femme, devenue ligueuse, malgré les espions d'Eustache Maillot et amie intime de madame de Montpensier. Qui se ressemble s'assemble. Monseigneur, peu heureux, est mort à six mois de là dans un bain de senteur trop chaud. Il a été enterré sans aucune pompe. Je retourne au seigneur François.

Il a oublié dona Carmen, nous l'avouons. Mais il reste encore quelque chose à expliquer. Il avait juré de se faire moine. C'est vrai, et je suis garant qu'il ne demandait pas mieux. Mais tout le temps qu'il est resté entre la vie et la mort, il n'y avait pas à y songer, et quand il est revenu un peu à lui et qu'il a vu tous les jours auprès de son lit la virginale et charmante figure de Charlotte, ma foi, il a commencé à penser qu'il pouvait en trouver des moyens de revenir à la vertu plus anodins que le spécifique du cloître. Il en a parlé à son père qui a fort approuvé, à sa mère qui a pleuré de joie, au curé qui a témoigné qu'il fallait l'assentiment du frère, enfin à mademoiselle Charlotte qui a beaucoup rougi, qui n'a jamais voulu dire oui, mais qui s'est grandement courroucée lorsqu'on a dit qu'elle avait dit non.

Et maintenant la voilà qui se promène doucement sur l'herbe au milieu de toute cette famille si heureuse, regardant son cher François de tous ses yeux, écoutant ce qu'il lui murmure à l'oreille, et comme tout le monde et comme lui-même, jetant de temps en temps les yeux sur la grande route comme si elle attendait quelqu'un.

Nota bene. — Barbette est la seule personne qui ne regarde pas quelquefois, depuis un moment, elle a pris son fils sur ses genoux et elle regarde toujours.

— Qui donc peut-on attendre?

— Qui serait-ce, sinon monsieur le baron Louis de La Mothe-Baranne, maître de camp d'infanterie, un des écuyers de Sa Majesté et son capitaine-gouverneur du château de la Roche-Thymbrelle en Poitou que ledit baron a pris d'assaut et par surprise, il y a trois mois? C'est lui-même, c'est notre petit Louis qu'on attend.

— Je commence à croire que monsieur le baron ne viendra pas aujourd'hui, dit le curé.

— Y pensez-vous? s'écria vivement le seigneur de La Buette. Il viendra, j'en réponds! Ne faites donc pas pleurer ces dames!

Et comme si l'assurance du vieux gentilhomme eût été nécessaire pour faire apparaître celui qu'on attendait, on entendit tout-à-coup de vigoureux coups de fouet, et l'on vit paraître au loin un énorme coche. C'était quelque chose comme l'arche de Noé à laquelle on aurait mis des roues.

Toute la famille poussa un cri de joie à cette vue. Chacun se hâta de quitter la terrasse du pas le plus prompt que lui permettait son âge, et l'on se précipita vers la porte du château au-devant du voyageur.

L'énorme coche ne contenait dans ses vastes flancs autre personne que le seigneur Louis qui, en sa qualité de maître de camp et de gouverneur, ne pouvait plus décemment voyager d'une manière plus modeste, et qui, bien qu'âgé de vingt ans tout au plus, savait trop ce qu'il se devait à lui-même pour courir les champs monté sur un courtaud, comme un pauvre hère, comme le La Mothe-Baranne que Belavoir avait conduit à la cour deux ans en çà.

Lorsque les postillons eurent fait entrer le coche dans le préau, un grand laquais vint ouvrir la portière. Notre gentilhomme se précipita hors de la voiture, baisa la main de sa tante, embrassa sa sœur, salua jusqu'à terre madame Barbette, qui, en rougissant beaucoup, lui répondit par une profonde révérence, puis il sauta au cou de son oncle et serra cordialement la main de son cousin. Enfin, l'on entra dans le salon.

— Quelles nouvelles nous apportez-vous de nos affaires à tous, mon neveu? dit le maître de céans.

— Les meilleures, mon oncle, répondit Louis. Madame Barbette hérite de son mari. Le chancelier me l'a dit hier. Je crois que ma faveur ne m'a pas nui.

— La justice veut quelquefois un peu d'aide, fit observer doucement le curé.

— C'est trente bonnes mille livres de rente que vous avez là, ma belle, dit madame Thérèse avec un sourire.

— Ce n'est pas tout ce que j'ai à vous annoncer, poursuivit Louis; le seigneur de Chanteclaude, craignant les procès que je pourrais lui faire à ma majorité, veut entrer en arrangement, et, sans vous expliquer ce que je sais mal moi-même, mais que M. de Cornisse entend à merveille, je deviens dès à présent maître de ma fortune. Mon cousin, dit-il en se tournant vers le seigneur François, je donne à ma sœur deux cents mille livres en la mariant, et le Roi me charge de vous dire qu'en faveur de ce mariage, il vous rappelle auprès de lui.

— Veuillez remercier pour moi Sa Majesté, mon cousin, répondit le seigneur François, mais j'ai résolu de ne pas profiter de ses offres. Décidément la cour est un séjour qui ne m'est pas bon et n'aurai-je que l'ennui d'y rencontrer des figures que je connais, l'ennui en serait trop grand pour moi. Non, je suis bien ici et j'y compte vivre comme a fait mon père, élevant mes enfans à ne pas imiter les fautes de ma jeunesse.

et à comprendre, dès le plus bas âge, tout l'honneur que vous faites à la famille.

— Maintenant, dit Louis qui ne voulut pas combattre une résolution que le temps, pensait-il, finirait de lui-même par changer, je crois qu'il ne nous manque plus que la présence d'une seule personne pour faire le double mariage. Belavoir est parti, m'avez-vous écrit, il y a quelque temps, et en promettant de revenir à cette époque. Je ne veux pas vous faire de reproches, aujourd'hui surtout, mais comment se peut-il que vous l'ayez laissé aller.

— Il n'y a pas eu moyen de le retenir, répondit François, et j'ai vu même le moment où il se fâchait parce que je le pressais un peu fort de renoncer à ses projets de voyage, et surtout à son incroyable fantaisie de reprendre son ancien métier. J'ai eu beau prêcher, j'y ai perdu mon latin et tout le monde ici de même, monsieur le curé tout comme les autres. C'est en vain que je lui ai offert de le faire admettre, par votre crédit, dans l'armée royale avec son grade de cornette, puisqu'il ne veut pas servir la Ligue, je n'ai jamais pu lui faire entendre raison. Enfin, il a voulu à toutes forces redevenir saltimbanque, et un beau matin, après m'avoir promis la veille de revenir à cette époque-ci pour assister à vos noces et aux miennes, il est décampé sans dire adieu à personne, mais un paysan du village, qu'il a rencontré à trois lieues d'ici, est venu nous dire de sa part qu'il nous donnait sa bénédiction et de compter sur sa promesse.

— Puisqu'il a promis, dit Louis, il viendra, car il a une très-grande prétention à être esclave de sa parole. S'il n'avait pas cette rage de vagabondage qui, à ce qu'il paraît, est un vice qu'on ne perd plus lorsqu'on l'a une fois contracté, ce serait le plus honnête homme que je connaisse.

On parla encore quelque temps de Belavoir; puis on revint à des sujets qui, après tout, étaient plus intéressans pour tout le monde que les faits et gestes du pauvre Nicolas Belavoir. Il fut convenu que la double noce aurait lieu dans huit jours, et que tous les gentilshommes et toutes les dames des environs seraient invités. On parla aussi de quelques améliorations à faire au domaine; et pour pouvoir discuter savamment cette question, on sortit du château et on s'en alla visiter les champs.

Comme on était au plus fort de la dissertation, à laquelle les dames elles-mêmes prenaient part, on vit tout-à-coup sortir d'un taillis notre ami Nicolas. Tout le monde jeta un cri de surprise : c'était bien lui.

— J'arrive du Languedoc, dit-il, et il salua tout le monde.

Il était dans une tenue incomparable. Un haut-de-chausses de peluche orange, une chemise de grosse toile, un chapeau sans fond et un petit paquet au bout d'un bâton; quant à des souliers, il n'en avait pas, mais il tenait en laisse quatre chiens savans, vêtus de couleurs éclatantes et ayant des toques sur la tête; il avait à la ceinture un tambourin.

— Voilà, dit-il, montrant un roquet blanc et jaune, un gaillard qui me fait bien de l'honneur. Croiriez-vous que j'ai réussi à lui faire dire distinctement : *Papa, maman.*

Louis se mit dans une colère atroce.

— Comment se fait-il que toi, que je ne fais pas difficulté d'appeler mon ami, toi que le hasard du temps a fait officier, tu aies des goûts si bas, que malgré les supplications des gens qui te veulent du bien, tu en reviennes toujours à ces viles occupations! Ne peux-tu comprendre une autre existence, et faut-il qu'à tout jamais, je te voie lié à un état déshonorant.

— Pauvre aveugle! dit Belavoir.

Il se mit à argumenter; bref, la discussion s'échauffant, les dames s'interposèrent; il était trop certain que Nicolas ne voudrait pas céder et les querelles étaient inutiles. Mais Louis était outré.

— Comment pourrai-je te faire dîner avec nos amis? De quel front te présenterai-je dans ce costume?

— Un moment, monsieur le baron, répartit Belavoir, c'est le premier talent du saltimbanque que de savoir se présenter comme il convient dans le lieu où il se trouve. Je vais dépouiller ma toilette de baladin et me montrer, à dater de ce soir et pendant tout le temps que j'aurai l'honneur d'être votre hôte, dans ma tenue de cornette. Par exemple, il faudra que vous ou le seigneur François vous me prêtiez le costume de cette profession, car je n'ai exactement d'autres habits que ceux que je porte sur moi.

Huit jours après, ainsi qu'il avait été convenu, Louis et Barbette, François et Charlotte furent unis en présence de toute la noblesse du pays. On se disait tout bas que le jeune baron était immensément riche et qu'il était en passe d'être, avant peu, maréchal de France. Belavoir avait un habit de son élève et était resplendissant de gravité; aussitôt que l'on sut qu'il était le fameux cornette Belavoir qui avait fait des exploits si extraordinaires à la prise de la citadelle d'Orléans par les Ligueurs, on s'empressa de lui témoigner les plus grands égards ; et comme tous les gentilshommes qui étaient présens se piquaient d'un royalisme fervent, on se félicita qu'un homme si brave eût abandonné le parti de la Ligue, et on fit des vœux pour qu'il s'attachât à la bonne cause.

Mais Nicolas ne se prononça point. Il garda sur ses intentions un silence discret et se contenta d'admettre des maximes générales et fort austères sur la vraie piété, le vrai courage, la vraie grandeur et tout ce qu'il y a de vrai. Il se fit une magnifique réputation.

Les fêtes durèrent trois jours. Ce temps écoulé, chacun pensa à s'en aller chez soi. Les coches, les litières, les chaises, les cavalcades disparurent les uns après les autres. Belavoir reçut des invitations nombreuses de tous les vieux guerriers de la compagnie, qui désiraient tous héberger dans leur manoir un si vaillant homme de guerre; mais Nicolas, toujours circonspect, ne voulut prendre aucun engagement positif.

Enfin quand tout le monde eut quitté La Buette, Louis et sa femme songeaient à leur tour à s'en aller à la Roche-Thymbrelle. Quelques troupes de ligueurs avaient pénétré dans le Poitou, et un gouverneur ne pouvait sans inquiétude s'en fier à un lieutenant de la défense d'une forteresse, surtout dans un temps où il n'était pas rare que le lieutenant profitât de l'absence de son supérieur pour se faire maître et seigneur à sa place.

On croira facilement que les adieux furent tendres. Tout ce monde-là s'aimait, et comme les communications n'étaient pas très-commodes, il fallait compter qu'on resterait bien cinq à six ans, pour le moins, sans se revoir. Nicolas s'efforça de calmer la douleur générale en émettant sur les séparations et sur leurs effets des maximes empreintes d'une haute philosophie.

Il consentit à suivre Louis jusqu'à la Roche-Thymbrelle; il voulait savoir comment son élève était logé et, comme il le dit lui-même, pouvoir, dans ses heures de réflexion, se représenter au naturel la vie intérieure de monsieur le baron et de madame la baronne. Quand il eut bien considéré toutes choses, fait ses observations, remarqué à droite, remarqué à gauche, il partit.

Une fois on eut de ses nouvelles assez étrangement. Il avait rencontré la pauvre petite madame Brillache dans un bourg de l'Agénais, où elle vivait très-pauvrement, bien honteuse de ce qu'elle avait fait. La paix alors était complète sur toute l'étendue du royaume. Un écrivain public écrivait de sa part à l'honnête Brillache qui se décida à venir chercher son épouse, et qui la ramena chez lui à Melun.

Après ce raccommodement, bien des années se passèrent sans qu'on entendît parler de Nicolas; Louis avait fait plusieurs fois prendre des informations de tous côtés et n'avait rien pu apprendre.

Un jour son fils aîné, qui avait seize ans, revenant de la chasse avec son précepteur, trouva, à quatre lieues de la Roche-Thymbrelle, le long d'un fossé un pauvre diable étendu, qui ne bougeait pas. L'enfant descendit de cheval, prit cet homme dans ses bras, et s'assura qu'il était mort. A son costume, il eut quelque idée que ce devait être ce fameux Nicolas Belavoir dont il avait tant entendu parler. Il fit venir des paysans et le cadavre fut porté au château.

C'était bien Nicolas. Il était mort en revenant chercher sans doute un asile que la misère lui rendait indispensable. Barbette et Louis le pleurèrent comme s'il eût été leur parent, et le firent honorablement enterrer.

FIN DU QUATRIÈME ET DERNIER VOLUME.

LA FERTÉ-SOUS-JOUARRE. — IMP. DE GUÉDON.

PUBLICATIONS RÉCENTES :

FÉLICIEN MALLEFILLE.
MÉMOIRES DE DON JUAN,
4 vol. in-8°.

THÉOPHILE GAUTIER.
PARTIE CARRÉE,
3 vol. in 8°.

ALEXANDRE DUMAS fils.
TROIS HOMMES FORTS,
4 vol. in-8°.

| **ANTONINE** | **LA VIE A VINGT ANS,** |
| 2 vol. in-8°. | 2 vol. in-8°. |

ALEXANDRE DUMAS.
LE DRAME DE 93.
SCÈNES DE LA VIE RÉVOLUTIONNAIRE,
7 vol. in-8°.

| **AMAURY,** | **LES FRÈRES CORSES,** |
| 4 vol. in-8°. | 2 vol. in-8°. |

F. DE BAZANCOURT.
LES AILES D'UN ANGE,
2 vol. in-8°.

| **NOBLESSE OBLIGE,** | **LES HOMMES NOIRS,** |
| 2 vol. in-8°. | 2 vol. in-8 |

Paris. — Imprimerie de H. V. de Surcy et Cie, rue de Sèvres, 57.

www.ingramcontent.com/pod-product-compliance
Lightning Source LLC
Chambersburg PA
CBHW060511170426
43199CB00011B/1406